解開神奇數字代碼 (二)

破解車牌、門牌、身份證、手機神秘意涵

本書涵蓋了宇宙間無數的神祕力量

猶如天書再現 百斷百驗

讓您無法瞭解這不可思議的力量從何而來

- 觀看心態、個性、人際關係
- 論財庫、財祿方位
- 論工作、事業
- 論財運、機會
- 解讀婚姻、感情
- 論身體、疾病
- 求貴人、方位

◎ 太乙(天易)編著

總編輯的話:

擁有本書，猶如天書再現
如同請一位專業諮詢師回家

　　數字除了代表單位、計算、數量、人的代碼之外，它涵蓋了宇宙間無數的神祕力量，也非三言兩語能道盡，而這連天地鬼神、天文、地理、易經六十四卦及人生的生活百態都潛藏在這套「解開神奇數字代碼」系類書籍當中，所以我們能透過週遭數字的組合來解開這神秘的代表意涵。

　　數字本身含有五行、質氣、九宮、方位、濕寒燥熱，利用「解開神奇數字代碼」這數字的交互作用，用以規劃，進一步達到自己最有利的目地，是一套解碼書籍，也是一套預測學書籍，也可用以作為占驗、卜卦之原理，來導引數字組合的出現，再透過本套系類書籍為您「解開神秘數字代碼」，百斷百驗，讓您無法思索這不可思議的力量從何而來，反正就是準，猶如天書再現，擁有本套系類書籍，如同請一位專業諮詢師回家，隨時隨地可諮詢。

民國 101 年 11 月 18 日

易林堂文化事業　　總編輯 杜佩穗

目　錄

總編輯的話:擁有本書，猶如天書再現

　　　　　如同請一位專業諮詢師回家 ……… 2

無法入睡 ………………………………… 4

成果發表(微電影) ……………………… 6

緣起 ……………………………………… 8

以車牌、門牌、身份證、手機後二碼

論心態、個性、人際關係………………… 11

論財庫、財祿方位………………………… 16

論工作、事業……………………………… 19

論財運、機會……………………………… 23

解讀婚姻、感情…………………………… 27

論身體、疾病……………………………… 34

論貴人、方位……………………………… 39

數字解碼(01～100) …………………… 42

後記 ……………………………………… 342

附　錄

太乙(天易)老師經歷、著作簡介………… 344

本書編著、服務項目……………………… 345

八字時空洩天機終身班招生簡介………… 346

出版圖書介紹 …………………………… 348

無 法 入 睡

作詞：小孔明

作曲：周杰倫

太乙老師出版的書籍，每每讓人愛不釋手，開卷有益，一旦翻閱，就"無法入睡"，有如宋朝詩人葉采有一首《暮春即事》，寫得就是這種愉快的閱讀情景："雙雙瓦雀行書案，點點楊花入硯池。閒坐小窗讀《周易》，不知春去幾多時.今見周董與方文山心懷古典文學，創作出"髮如雪"歌詞，故將太乙老師出書之盛況寫成"無法入睡"~謹將　師尊學術志業的邃博與為人襟懷的坦蕩作紀錄，仿曲填詞供傳唱，以呼應太乙老師「不故步自封」與師母「敢勇於創新」的宗旨!!!

新書推

眾生喜悅

振筆飛

道盡了秘訣

卜卦從此簡單學

入門不再退怯

數字學

很好理解

一學會

鐵口直斷每回
縱然代碼十分簡略
不減準確
繁雜如文王卦難學
兩儀卦一學就了解
更比塔羅牌精美

上手就會
老少沒分別
占卜從此不用再問誰
命理界
將學問精簡
太乙老師第一人

基礎數學
不用再死背
我資質愚鈍都學的會
準又對
一翻兩瞪眼
我用此序
來傳頌恩師教誨

　　　　壬辰年　陽月　乙酉日　丁丑時　太極
　　　　圖擇日館第五代　劣生蔡志祥敬筆

　　　　　小孔明　序文

成果發表（微電影）

在課堂下仔細聆聽的我，正在欣賞、享受一幕一幕，生動如微電影般的情節，歷歷在目，有勵志小品、求財、官、感情、尋人、徵才、買賣……，舉凡陽世、陰間的事項，皆在白板上跳躍浮現著，令人嘆為觀止。

數字、八字、時空卦如此的令人著迷、讚嘆，怎會有如此高深又深奧的學術，被太乙老師字字句句剖析的如此精準無誤呢?看待前世今生，又猶如未喝孟婆湯般，透視累世因果，將諮詢者的疑問，闡述到瞠目結舌，震驚不已。

又可回朔 60 年代，40 幾年前之曠男怨女，隱藏在其內心深處的感情糾葛，如同現代柯南般，抽絲剝繭還原真象，將所有的人、事、地、物，俱細靡遺的將其隱藏在人內心深處如小說般情節，起、承、轉、合活靈活現，精彩萬分。

微電影中有感人溫馨的畫面，纏綿悱惻的故事，駭人聽聞的情節，五花八門的內容…………。在現今動盪的社會，心靈空虛的你，**學習**或許可使人心裡更踏實，空暇之餘你不妨細細品味此學術，或許可感動你的心，真情推薦，即將上映。

　　數字、八字、易經未曾有人運用至如此高深之境界，沒有通靈、沒有靈異體質，唯有**太乙老師知命**到如此透徹，**運命**到如此靈活，**用命**到如此精湛，堪稱為現代命理宗師，無人出其右了。

　　有幸能追隨太乙老師學習數字、八字、時空卦、易經六十四卦，更慶幸除了學術之外，更有其內涵、德行可為我仿效與追求之目標，現今太乙老師不藏私，將再出版「解開神奇數字代碼《二》」新作，實為學習五術你我之福音。

學生　宏宵　謹序

民國 101. 11. 7

歲次　壬辰年九月廿四日立冬

緣　起

　　西洋人以數字作為推命的工具，但我們東方人者是以十天干及十二地支的演變作為工具，東方屬木，用最原始大自然生態成長作為符號，而西方屬金，為果實成熟之地，直接以成果數字作為代碼，周文王用六十四卦演義，講解自然界六十四種現象，其實也都是天干、地支及數字的一個組合，大多數人把《易經》神學化了，甚至有人常以會悟通《易經》是半夜孔子來教他的，故弄玄虛，把簡單的道理給複雜化了，真是違背了上天賜給世人最簡便的生活智慧、為人處事的道理。

　　本系類的書：「解開神奇數字代碼」，就是要將天地之間，舉凡數字、易經六十四卦、八字、姓名學、命理學、陽宅學，將用最簡單的數字(成果代碼)，來演義推論，讓全世界的人見證到「太乙文化事業師資團」的《曠世鉅作》，讓大家瞭解到五術不再是神秘學，而只是天地間大自然生態的成長符號而以，而讓不知道天干地支是什麼的人，也能看的懂、看的會，可作為日常生活解決問題的活字典，破解對「數字、

易經六十四卦、八字學、姓名學、命理學、陰陽宅學」
的迷失，使您能知命、運命、用命。

　　本書之後的下一本著作：「解開神奇數字代碼
《三》」，傳承來至於家父的「易卦擇日學」，創新改
良透過數字、干支來解開易經六十四卦的千古神秘面
紗，用最簡單的數字、干支詮釋《易經》的符號，闡
述的是如何應用古人賜給人們的寶貴智慧《易經》，
來解決日常生活迷惑，而不是解經文的「字音、字
義」，不是在上國文課程，如要上「國文」課程，只
要買一本「國語大字典」就好了，不用讀《易經》要
讀上十年，浪費生命、時間，也浪費金錢；本書保證
讓您瞠目結舌，嘆為觀止。敬請拭目以待，解開這數
千年來《易經》所蒙上的神祕面紗。

太乙　謹序
民國一〇一年十一月十七日　星期六
壬辰年十月初四　壬午日　立冬後十天

曠世鉅作：

「解開神奇數字代碼」系類叢書《二》

　從車牌、門牌、身份證、

　　　　　　　手機後面的兩個尾數

解開神奇數字代碼《二》

觀看心態、個性、人際關係

論財庫、財祿方位

論工作、事業

論財運、機會

解讀婚姻、感情

論身體、疾病

求貴人、方位

以車牌、門牌、身份證、手機後二碼論心態、個性、人際關係

末碼數字代表外在行為模式，為突顯的、表現的；末第二碼數字代表內在的思想模式，為觀念、想法、潛藏的。

（本章節由太乙文化事業許碧月老師整理提供）

1為末碼者： 老練、沉穩、顧家、體力、耐力都比一般人強，又具備了領導統馭的心性，為老闆的格局。知道在哪個點、線、面，要如何發揮自身的功能。

1為末第二碼者： 像極了家裏的老大喜歡一肩挑起照顧弟妹的責任、犧牲、奉獻，勇於解決困難，上了舞台，就是舞台中的靈魂人物，操控全場，知道和台下的人事物結合成一體，使每一次的相處可達到圓滿而無憾。

2為末碼者： 能借力使力的往上攀岩，又會暗中察言觀察，遇到困難會求助身旁的人，自我調適得宜，因為2乙木過不了冬天，遇寒氣重時，很容易受傷，所以必須緊攀著1甲木的樹幹往上爬。

2 為末第二碼者：懂得團結力量大，人脈必須靠經營，眼光獨到，嗅得出流行性的商機，瞬間看到流行的趨勢，看準了市場，搶它短期性的資金，然後調整策略，再將資金挪至其它的目標，重新再出發。

3 為末碼者：是熱情的、感性的、主動、好客，也是躁動的，因為想幫助人，釋放出熱情的能量，所以他的一舉一動會容易引人注意，如政治人物、偶像團體…等，樂天知命，懂的化阻力為助力的人。

3 為末第二碼者：適合做公益活動，關懷弱者，喜歡讓太陽火照射每一個角落。有了 3 火的能量，人才不致於憂鬱、晦暗，有火、有希望可以看清楚未來，不會渾渾噩噩的過日子，有火的人也較不受外在的牽制，會不按理出牌，火是五行裏，寶貴的能源、能量。

4 為末碼者：對週遭環境的敏銳性、和變化度，是具有一般人沒有的張力與耐力，喜歡將自己隱藏在都市裡，過著上班族的生活方式，也能喜歡將內心的感受化為力量，轉化為效率，是一位優秀的主管。

4 為末第二碼者：很容易碰到祖靈、香火牌位的問題，每隔幾年，要檢視祖墳或香火牌位，祖先忌日

時要虔誠的祭祀禮拜，讓祖先在另一個無形的空間，魂魄得以安寧，者可保祐平安順利。

5 為末碼者：喜愛孤獨、思想沈寂、被動式的和人互動，在職場上精明與幹練，與同事間也合作無間，喜愛日出而作，日落而息的生活方式，下班後，工作與生活是分開的，喜歡與大自然為伍，用心體會四季的變化與更迭，享受自己寧靜的生活，不被打擾。

5 為末第二碼者：不善變通人際關係，如果有機會懂得凝聚向心力的共識，創造出生命的榮景，更可發揮出潛在驚人的力量。

6 為末碼者：平易近人、沒有架子、不懂拒絕別人，是爛好人的一種。內心世界是多彩多姿的，懂得利用時間學習才藝，充實內在的生活，知道人生的去向，了解世界局勢，懂得累積能量，在必要時釋放出好的能量、磁場，給予團隊新的點子。

6 為末第二碼者：外表客氣、有教養，想休息時會徹底放鬆，到外地旅遊，增長見聞。6 能無中生有，創造出事業、鞏固事業版圖，而能無中生有的原素，來至於努力不懈的學習。

7 **為末碼者**：有改革的氣魄，在金融界，可發揮長才，得用時，更可將事業版圖拓展到另一個層面、風行天下，創造未來，未來黃金十年，知道智慧財，比勞力財來的重要，所以會轉戰自己熟悉的領域。

7 **為末第二碼者**：要就來大得，不要就走人，7行事有魄力，但欠缺思考，反而在感情之對待，會改變情性，在事業上衝鋒陷陣，回到家中溫柔體貼，到家中面對老婆，會以老婆說了算。

8 **為末碼者**：外表貴氣，無行動力，重感覺、愛幻想，力道不足，所以會像雲霧一樣膠著，所以8辛金之人碰到問題，就會往宗教裡去尋求解脫，和心靈層次的成長，在冥想、靜心當中，開啟智慧的寶庫。

8 **為末第二碼者**：為貴重的金飾，經過精心雕琢的鑽石、珠寶，氣質非凡；遇到9壬水，可洗滌8辛金之濁氣、汙垢，讓8辛金更美、更有貴氣，也能將幻想付之行動。

9 **為末碼者**：機巧、靈敏、動作敏捷、快速，是這個時代的產物，他勇於表現自己，推銷自己，善於掌握時機點，讓自己加分、得利。在這樣物質不缺的

年代，有可能上台下台，只是一瞬間，變化太快了，沒有足夠的根基，很容易淘汰下來，瞬間化為烏有。

9為末第二碼者：善於侵伐，動作敏捷，進退之間掌握得很恰當，但卻怕低陷之地，一去將無法再回來了，此時叫天天不靈，叫地地不應。為人海派，也喜歡熱鬧。做每件事情，都要符合經濟效應。

0為末碼者：逆向思考，反向操作，學習學術，懂得天地之間、宇宙萬物陰陽交媾，合和為一之事，像隱藏在黑夜裡窺探的眼睛，了解冥冥之中，有一股力量在主宰著。

0為末第二碼者：心思較敏感細膩，宜用太陽光調理，若遇4時，將有一連串黑暗、崎嶇在交戰著，吉凶有時在一瞬間，成也0育木(春夏)，敗也0毀木(秋冬)，若知道天地之間的道理，就是保持正確的心念，一直走下去，才能免於天之責罰。

以上論心態、個性、人際關係由太乙文化事業許碧月老師心得整理提供。

以車牌、門牌、身份證、手機後二碼 論財庫、財祿方位

論財庫、財祿方位以尾數當主體，為上天給予的代碼，只要您照本書作，必會有神奇的效果。

1 為尾數者：財祿方位在東北東之方位，在此方位放上有朝氣的盆栽或聚寶盆，有招財、守財的功能。配合在西南南方或東北北方的地方放上雄赳赳氣昂昂的馬，有加速的功效。

2 為尾數者：財祿方位在正東之方位，在此方位放上有朝氣的盆栽或聚寶盆，有招財、守財的功能。配合在正北方或西南西方的地方放上雄赳赳氣昂昂的馬，有加速的功效。

3 為尾數者：財祿方位在東南南之方位，在此方位放上有朝氣的盆栽或聚寶盆，有招財、守財的功能。配合在正西方的地方放上雄赳赳氣昂昂的馬，有加速的功效。

　　4 為尾數者：財祿方位在正南之方位，在此方位放上有朝氣的盆栽或聚寶盆，有招財、守財的功能。配合在正西方或西北北方的地方放上雄赳赳氣昂昂的馬，有加速的功效。

　　5 為尾數者：財祿方位在東南南之方位，在此方位放上有朝氣的盆栽或聚寶盆，有招財、守財的功能。配合在東北北方或西南南方的地方放上雄赳赳氣昂昂的馬，有加速的功效。

　　6 為尾數者：財祿方位在正南之方位，在此方位放上有朝氣的盆栽或聚寶盆，有招財、守財的功能。配合在正北方或西南西方的地方放上雄赳赳氣昂昂的馬，有加速的功效。

　　7 為尾數者：財祿方位在西南西之方位，在此方位放上有朝氣的盆栽或聚寶盆，有招財、守財的功能。配合在西南南方或東北北方的地方放上雄赳赳氣昂昂的馬，有加速的功效。

8為尾數者:財祿方位在正西之方位,在此方位放上有朝氣的盆栽或聚寶盆,有招財、守財的功能。配合在正南方或東北東方的地方放上雄赳赳氣昂昂的馬,有加速的功效。

9為尾數者:財祿方位在西北北之方位,在此方位放上有朝氣的盆栽或聚寶盆,有招財、守財的功能。配合在正東方或東南南方的地方放上雄赳赳氣昂昂的馬,有加速的功效。

0為尾數者:財祿方位在正北之方位,在此方位放上有朝氣的盆栽或聚寶盆,有招財、守財的功能。配合在東南南或正東方的地方放上雄赳赳氣昂昂的馬,有加速的功效。

以車牌、門牌、身份證、手機後二碼論工作、事業

末一碼為表現，為外在的工作、事業屬性，正職的、本業的，眾人所皆知的工作事業；末第二碼為適合副業的、投資的、合夥的工作事業屬性。

1為末碼者：為開創之格局、能無中生有，是一位主管、老闆之格局，是行動派、積極、有創意，也為導引性、流通性之行業。作屬木、行銷之行業，如同順水推舟，事半功倍。

1為末第二碼者：適合創意、設計、發明、喜歡無中生有，對藝術相當的敏銳，可成為優秀的藝術家、廣告設計師，喜歡開創、動腦筋、發明。

2為末碼者：為幕僚、企劃、扶佐、企業管理人才，適合招兵買馬、借力使力、人際關係、連鎖加盟之行業，及文化事業、出版、編輯、門市買賣之行業。

2為末第二碼者：文書、企劃、祕書、助理、幕後管理、幕後之老闆、工廠製造、手工藝品、書畫，廣告、製作之行業。

3為末碼者：適合公眾之人物、知名人物、政治家、企業家、生產、開創、製造，能靠品牌行銷海外各地，名氣望，

也易引來是非、訴訟、爭執，宜低調行事，才能避免不必要的是非。

3 為末第二碼者：靠知名度、名望而得到事業，名氣遠播、名聲響亮，公關、名師，美術、美容、美的行業，能將知名度傳播開來，快速得財利。

4 為末碼者：做事業常猶豫不決、優柔寡斷，沒有安全感，較無法有效開拓市場，（遇到 1 才能轉化猶豫不決的情性），但能守成，適合內部管理、內部主管之格局，行政管理，做事重視效率、結果，常用績效作為管理。

4 為末第二碼者：不適合遠方求財，適合臨近地區的開拓，因為考慮太多，有時常失去機會，所以對企劃、設計、研發有特殊的專業，要求完美主義者。

5 為末碼者：常深思熟慮，考慮過多，而失去一些機會，也常自我設限，工作不易變動，穩定性高。適合心靈導師與宗教、神學有緣，能保有一技之長之工作性質，也能在土木建築上發揮專長，也適合固定性、穩定性軍警、公務之事業。

5 為末第二碼者：適合工程技師、計算統計師、學術研究、教學、水土保持研究、自然景觀之設計、企業顧問、國策顧問、宗教、禮儀之行業。

6 為末碼者:平易近人、穩定性高,適合門市、內勤、人際關係之事業、服務業、宗教用品,也適合教化、教育工作者。

6 為末第二碼者:喜歡當正義使者、調解委員,以公平、公正、正義為原則之行業,如行政、會計、財務、守衛、人民保母、軍警之行業,更能突顯自身的公平正義,喜歡研究探討五術,而且能將五術發揚光大。

7 為末碼者:行動派,有如將軍作戰,主動積極、野心大,要就來大的,沒有大的就不想表現,但也易半途而廢,能獨當一面,到遠方開闢疆土,也為老闆、主管之格局有改革的魄力及決心,但也常一意孤行,而產生挫折。

7 為末第二碼者:可從適資訊服務業、網際網路、媒體傳播、電腦工程師,鐵器、五金行、業務行銷、通路商之行業。

8 為末碼者:人緣好、人際關係佳,有貴氣,適合金融業、珠寶買賣、古董家具、手工藝品、美容師、美髮師,以口為業,如美食、餐廳、小吃,業務性質、老師、補習班、仲介業、24 小時便利商、人際關係之事業,也與宗教、心靈有關係。

8為末第二碼者: 口條好,適合語文、電信業、總機、電話行銷、小飾品、珠寶、水果、冰冷之產品飲料,寶塔經銷業務,心靈成長教師。

9為末碼者: 主動積極、持續力強,很好的業務拓展人才,適合旅遊業、運輸業、進口貿易、喪葬禮儀,命理、五術、諮詢,保險業、土地開發、代書、八大行業,律師、老師、言論工作者,水療養生、演藝事業。

9為末第二碼者: 研發、研究、著作立書,美術、書畫,言論發表,幕後研發人員,物流、通路商、批發商、業務開發之行業。

0為末碼者: 人際、人緣佳,語文工作者、律師、談判專家、客服專員、人力仲介、汽車修護廠、保險業、資訊業、廣告設計、補給、物流,總機、冷飲、飲料、果汁、門市、百貨銷售、宗教、禮儀用品之行業。

0為末第二碼者: 機會多、客戶自己上門、流通週轉率高,門庭若市。可從適人際關係之事業、保險、銀行業務拓展、專業經理人、學術研究者、教育工作者、門市之經營、命理諮詢、研究、教學、文化事業。

以車牌、門牌、身份證、手機後二碼 論財運、機會

　　末一碼，為外在數字，為表現，人家看到的感覺。末第二碼，為內在數字，內在為隱藏性、企圖心。財只論末第二碼內在數字，因為財不露白而且與企圖心有關。

1為甲木—屬陽木，人際財，穩定財、創業財、 生意財。

1為大樹，指標性人物，賺錢靠權貴、老字號及開創、行銷，越老字號，財賺的越多；做事有規劃、按步就班而得到財利，不喜歡受人約束，人際關係越好，錢賺的越多，也可用創意相關之行業而得到財利。

2為乙木—屬陰木，人際財，非固定財、懂 的儲蓄，創意行銷、企劃、策略 而得財。

2為乙木，可依附權貴而得財，腦筋動得快、有創意、多才多藝、點子多，以智慧而得取財物，夏天進財多，冬天財花費大，最好在秋冬時，添換傢俱，化解損財之象。

3 為丙火—屬陽火，賺名望財、政治獻金、民意代表，屬偏財。

3 為有財無庫，財易露白，個性慷慨、阿沙力，有時因愛好面子而花費大；知名度高，品牌名聲響亮，賺錢容易，宜購買房地產保值守財。3 怕遇美人關，易因美色、感情而困擾，失去名望。

4 為丁火—屬陰火，績效財、成果財、研發財、較屬正財。

4 為有財有庫，懂得理財，個性保守沒安全感，較不會因被朋友借財而損財，懂得打理錢財之應用，有時容易變為守奴財，也靠績效創造很多的財利。

5 為戊土—屬陽土，穩定性高，屬偏財、技術財、智慧財、時機財。

5 為有財無庫，靠專業知識、一技之長、才華、能力賺錢。求財機會多，但常財來財去，很難守得住財，可購置保險、土地、房地產保值。有好的環境能聚集智慧、專業於一身而得財，也能靠手工藝、技術成立工作室賺取財物。

6 為己土—屬陰土，帶正財、有財有庫，專
　　　　業、技術財，也能靠一技之長、
　　　　才華、企劃及土地賺錢。

6 的財能主動而來，求財機會多，較在意錢財的規劃，
喜歡購買不動產及保險，身上現金不多；可以服務性
質，或土地買賣，易得財祿。

7 為庚金—屬陽金，將軍之格局有魄力、行
　　　　動積極、為勞祿財、能力財、非
　　　　固定財、屬偏財。

7 能靠自己的實力賺錢，敢衝，喜歡賺大錢，最好一
次全部入口袋，但有財無庫，易財來財去，阿沙力，
喜歡以戰功論賞。宜將現金轉為房地產、土地，以土
來鞏固金錢，方能守得住。

8 為辛金—屬陰金，先天帶財祿，有貴氣，
　　　　為機會財及福德財。

8 可得貴人生財，得財容易，但賺錢以感覺為主，感
覺對賺多或賺少隨緣，感覺不對，在多也不賺。8 辛
金的人重朋友、重感覺，常為朋友兄弟損耗金錢，最
好能用定期保險儲存現金保值。

9 為壬水—屬陽水，行事積極，先天財運佳，
　　　　能得偏財，賺冷門行業的財，殯葬
　　　　業之意外財、服務業之偏門財。

9 適合業務、行銷、異路功名，能常得意外之助力而進財，也可藉由五術、命理、顧問得財。9 與 10 無法得人際財，朋友互動多，反易被劫財，宜防金錢往來，或將錢借予他人，即一去不回頭了。

0 為癸水—屬陰水，行事不積極，常得意外
　　　　之財，以智慧財、口才財，殯葬
　　　　業及服務之財。

0 能藉由口才、言律、教學、宗教、命理、五術、顧問師、諮詢師，0 也為儲存的記憶體，適合銀行、專業經理等而得財；水為智慧，有過目不忘之情性，對於專業領域更是反應特別好，很能賺智慧財及研究發明取得專利之財。9 與 0 最怕沾染酒色及賭博，一染上即無法自制，將前功盡棄。

以車牌、門牌、身份證、手機後二碼解讀婚姻、感情

末一碼數字，為外在對婚姻感情表現的行為、行動力、積極度。末第二碼數字，為內在思維、想法、觀念，對婚姻感情的期許。

1為甲木— 指標性、開創、點子多、固執、沒變通性、喜歡被攀附

末一碼數字為1的男子: 主動積極、人緣好而引來桃花，非常得有異性緣，但由於1是指標性人物，老闆、王者之心態，覺得女朋友多可突顯自己的能力，而較無法讓女朋友或老婆有安全感。

1為開創、會無中生有，產生魅力，而成為異性追求的目標。

末一碼數字為1的女子: 屬於職業婦女之型態，因1是主管、指標性人物，喜歡掌權，個性強勢，喜歡說了就算，容易與家人發生口角、衝突，所以感情易不順遂，在感情的抉擇上，不會優柔寡斷，不會主動表白心中的愛，一旦對方對自己不忠心，會立即做決定處理，六親緣薄，宜懂得以柔來剋剛，甜言蜜語，才能有更好的姻緣。

末第二碼數字為１者，男女同論：１為開創、開發，喜歡受到依附，能無中生有，有創意、點子多，在感情上只要對方不主動表示沒有１不行，或是不覺得對方在依附時，就很容易胡思亂想、常常查勤。宜透過溝通，將內心的想法告訴對方，感情才能更美滿。

２為乙木— 小花草、攀附性強、守舊、隱藏性的愛、隱藏性的感情、變通性大、內在數字為入、暗地行動；末一碼為外在數字喜歡攀附、追求所愛

末一碼數字為２者：對於所愛的人，會勇於表達主動追求，當目標追求不到時，也易死纏不放。男命佔有慾強，不容易滿足現況，也容易見風轉舵，常常不能了解另一半想些什麼，有溝通不良的現象。

女命會為另一半改變個性，屬嫁雞隨雞、嫁狗隨狗的心態、個性。

末二碼數字為２的男子：等待、被動、不敢表達隱藏在內心的愛，也不會主動爭取，屬於被動、等待，宜勇敢表達內心的愛，才能得到穩定的感情。

末第二碼為2的女人者：因佔有慾強，常讓另一半有點壓力，喘不過氣，宜透過溝通，才能化解危機。

3 為丙火—太陽、熱情、公開性的愛情表現

末一碼為3的男命：本身名聲、地位、知名度都很高，但一進入感情，就如同眼睛被雲霧遮住，只愛美人不愛江山，同時也希望公開得到眾人的祝福。

末一碼數字為3的女命：會為感情付出一切，也會為愛來放棄一切，追求所愛，一旦進入婚姻，常常因另一半情緒起伏很大，忽晴忽雨，有時讓對方無法招架。

末第二碼為3者，男女同論：熱情如火，常有一見鍾情的現象，容易沉迷於愛情當中，而無法自拔，對感情有潔癖，也喜歡另一半是主動熱情的。

4 為丁火— 在意感覺，對愛、婚姻沒安全感

末一碼數字為4者：多才多藝，而讓另一半著迷，不在意對方的穿著，只在意感覺，常以感覺來衡量愛的多少，當對方稍為有點冷淡時，就覺得對方不再愛他了。

男命：另一半常讓自己壓力重重，在家庭很尊重配偶，在事業上能突顯自己的領導風格；有時對愛沒有安全感，會調查對方的行蹤，而讓對方相當困擾。

女命：常常為了愛情，而氣的流眼淚，因為對方在意的是事業，認為麵包比愛情更為重要。

末第二碼數字為 4 者：滿懷熱情，但卻無法自在的表達，欲言又止，對於事業滿身熱血，對於愛情卻是結巴不自在，只能說，愛在心裡口難開吧！

5 為戊土—高山、思想、阻礙、穩定性高

末一碼數字為 5 者：5 為高山、思想堅持己見、理性、不好溝通，對於所愛的人，不會主動展開追求，不會採取行動，只有等待，感覺不對，就會踩剎煞車，常讓對方覺得不浪漫、不懂得情趣。男命較無法了解另一半的想法。女命者想要有穩定的感情。

末第二碼數字為 5 男命者：有高理想、高標準，所以很難找到理想的對象，而且另一半也喜歡無拘無束的婚姻生活，所以要有完美的婚姻感情，婚前必須作好溝通，心理建設，才能白頭偕老。

末第二碼數字為 5 女命者：喜歡自在的感覺，希望不被感情束縛，又要製造另一半沒有她不行的現象，想輔助另一半在事業上達到另一高峰；對命理、宗教有極高的興趣，也因自己的堅持，而讓老公得到成就。

6 為己土— 平易近人、柔順、被動、迷失

末一碼數字為6者:6為平原、平易近人,得到很多的粉絲及追求者,但也常感情而陷入迷失當中,而無法自拔,雖然是被動,但不懂得拒絕,而產生糾纏;宜多聽從長輩的建議,會有更良好的結果。

末第二碼數字為6男命者: 常有一見鍾情的現象,但感情來的快,去的也快,有時如膠似漆,有時連說聲再見也沒有。建議珍惜當下,以事業為重,才能有更好的姻緣。

末第二碼數字為6女命者:能擁有黏密的婚姻感情,也能讓另一半陷入自我迷失當中。記得多激勵另一半,讓他重回社會地位。

7 為庚金—積極、主動、很有魄力、敢愛敢恨

末第一碼數字為7者:對所愛之人,相當有責任感,會為對方改變直接、好勝的個性,雖是大男人、大女人,但遇到感情卻變得進退不果。

末二碼數字為7男命者:會為愛放棄工作機會,但也因有對方的鼓勵,而變得魅力十足。

末二碼數字為7女命者:戀愛時是迷失的,且小鳥依人,但結了婚後,反而霸氣十足。

8 為辛金──浪漫、氣氛、感覺

末一碼數字為8者：在意每次約會的氣氛、感覺，也在意對方的心態感受，但也因太在意感覺，而讓對方難以適應。記得：不要因王子病或公主病，而失去美好的感情。

末第二碼數字為8男命者：因走入婚姻，反而變得更有自信，也因另一半的出現，而得到江山。

末第二碼數字為8女命者：常因為愛讓對方消極等待，也因有了愛，而讓自己變得美麗動人，且是金錢、婚姻雙雙得利。

9 為壬水── 主動、積極、異性緣佳

末一碼數字為 9 者，男女同論：對喜歡的人，勇於追求表達心中的愛，能言善道，而擄獲對方的心，異性緣佳，對方會主動放低門檻，讓您得到機會；但遇到挫折，容易嫉妒、破壞，讓對方憊感壓力重重。宜改用祝福對方的方式，才能使您未來的緣份更深厚，更永固。

末二碼數字為 9 男命者：有黏密的感情，但易沉溺在愛情的迷惘當中，也因有了愛，而有更亮麗的表現、成績。

末第二碼數字為9女命者：因有了愛情，而變得更美麗、動人，也因有了婚姻，而名利雙收；但宜防表現太過，而損

了另一半的自尊，應以對方為主體，才不會奪夫權。

0 為癸水─ 等待、被動、重感覺

末一碼數字為0者：異性緣佳、佔有慾強，能為所愛的人付出一切，但發現對方不專情時，易有玉石俱焚的現象，在感情世界，忽晴忽雨，很難讓對方了解，也唯有真誠的對待、溝通，緣份才能長長久久。

末第二碼數字為0男命者：您常讓您的情人、配偶，憊感壓力重重，有時因您的情緒不穩，而讓對方想逃避；宜改用甜言蜜語，化解因佔有而產生的是非壓力。

末二碼數字為0女命者：在感情裏，妳想主導愛與被愛，但又有玉石俱焚的想法，因此也很難得到對方的放心及安全感，妳又因此常以離家出走作為口頭禪，實在很難了解妳在想什麼。建議，願意被佔有，才是化解危機最好的方法。

以車牌、門牌、身份證、手機後二碼論身體、疾病

　　末碼數字代表主體，也代表看的到的、顯現於外在的，外在代表身體外表、皮膚、四肢，主意外之傷，也代表肩膀以上的疾病傷害。

　　末第二碼數字代表客體，也代表外在。內在代表五臟六腑之疾，也代表肩部以下的部位。

◎**數字 1**：於天干代表甲木，頭部、脊椎、身體。

1為末碼者：易有手部之疾，手的循環及肩的循環差，肩骨酸痛。

1為末第二碼者：肝、膽功能差、火氣大、脊椎易受傷、手腳麻痹、足部之疾，容易骨折，也易脂肪肝、血管中風之疾、不良於行。

◎**數字 2**：於天干代表乙木，為肝臟手腳四肢、手指、頸部、小血管、神經之分佈。

2為末碼者：2為後天之天機星，也主風，易有鼻病，風力不足時無法將血氣打到頭病，所以頭部缺氧而頭暈。

2 為末第二碼者：2 為乙陰木，主肝火大、肝臟之疾、脾氣溼寒，所以皮膚代謝差，易騷癢，也易有血管阻塞、中風之疾。

◎**數字 3**：於天干代表丙火太陽，太陽為大地的眼睛，也主能量、溫度、磁場，代表人的眼睛、額頭，大小腸、胃，亦代表最大能量輸出中心，為心臟。代表左眼。

3 為末碼者：心火大、眼壓高，易有近視散光，也易得眼疾，額頭易有疤痕。

3 為末第二碼者：胃火大，胃酸過多、胃脹氣、易長瘜肉，便秘，腹胃大明顯，3 為丙火，易有心血管之疾，心血脂肪過多而影響心臟之問題。

◎**數字 4**：於天干代表丁火，丁火為丙火太陽所留下的溫度，也等於同丙火之功，如同宇宙間的月亮、溫度、能量、磁場；為身體上的小血管、神經、感覺。代表右眼。

4 為末碼者：眼睛常佈滿血絲，常眼紅，視力不佳，火氣大、脾氣暴躁。

4 為末第二碼者：微血管突出，易得心臟病、心血管循環系統差、口乾舌燥。

◎數字 5：於天干代表戊土，為大地突出之物為山，於身體代表關節、肩膀、脊椎，於臉部代表鼻樑，土有過濾、排毒之功能，也代表消化系統、食道。

5 為末碼者：關節炎、頸椎，脖子易酸痛、五十肩、脊椎易側彎異位，皮膚乾燥。

5 為末第二碼者：心臟無力，血管循環差，易結石、長瘜肉，胃潰瘍，食道及消化系統差。

◎數字 6：於天干代表己土，為大地濕潤肥沃土地，於人體代表血肉、皮膚、肌肉，也會與脾胃有關。

6 為末碼者：皮膚易長溼疹、青春痘、肌肉酸痛，喜歡吃白飯、喝熱湯，支氣管不佳。

6 為末第二碼者：6 為陰濕之土，易有脾、胃之毛病，肌肉酸痛，女性易有婦科之疾、貧血。

◎**數字7**：於天干代表庚金，於大地為先天的天機星，代表傳播之氣，主風、氣流，為人體的呼吸道、氣管、食道，也主肺、骨頭、氣血循環及大腸。

7為末碼者：7為陽金，主動，易頭暈，為呼吸道、氣管之相關問題，有過敏性鼻炎及喉嚨騷癢，易咳嗽。

7為末第二碼者：易感冒、頭暈、咳嗽、食道易發炎紅腫，骨頭關節酸痛、便秘。

◎**數字8**：於天干代表辛金，於大地為雲霧、廢棄、樹木所結成的果實，於人體為肺部、支氣管之疾病、咳嗽、氣胸、胸悶、食道、腸胃之疾。

8為末碼者：8為辛金、二氧化碳，食道發炎，主因胃酸過多引起腸胃之疾。

8為末第二碼者：易頭暈、氣喘、咳嗽、及肺部支氣管、食道之疾病。

◎**數字9**：於天干代表壬水、江河之水、大海水、湖泊；於人體為耳朵、聽覺、思緒、思慮、腦神經、膀胱、泌尿系統、排洩。

9 **為末碼者**：腦神經衰弱、睡不著、焦慮、易有幻覺、及內耳膜失衡。

9 **為末第二碼者**：腦神經衰弱、睡不著、易有幻覺、易多尿、拉肚子、泌尿系統及子宮之問題，腰酸、腳水腫。

◎**數字 0**：於天干代表癸水、雨露之水；於人體為腎臟、泌尿系統、婦科，也主思慮、腦神經、口腔、下巴、下腹部、腳指。

0 **為末碼者**：易幻想、幻聽、腦神經衰弱、睡不著、常作惡夢、口腔破、下巴易有疤痕。

0 **為末第二碼者**：0 為 10 為陰水，為腎臟、泌尿系統、婦科之疾，腳指易受傷、腹痛。

以車牌、門牌、身份證、手機後二碼
求貴人、方位

　　求貴人、方位者數字末碼者的貴人屬名顯的貴人，稱之陽貴，也代表男性的貴人；末第二碼的數字為暗的貴人，稱之陰貴也代表女性的貴人。

1為末碼者:貴人為屬羊的人，或姓名字根屬朱、未、己、八、土者，方位西南方為其貴人方。

1為末第二碼者:貴人為屬牛的人，或姓名字根有丑、紐、牛、己、二的人，方位東北為其貴人方。

2為末碼者:貴人為屬猴的人，或姓名字根屬申、紳、九的人，方位西南方為其貴人方。

2為末第二碼者:貴人為屬鼠的人，或姓名字根有子、水、一的人，方位北方為其貴人方。

3為末碼者及末第二碼者:貴人為屬雞的人，或姓名字根屬西、隹、羽、辛、十的人，方位西方或東南方為其貴人方。

4 為末碼者： 貴人為屬豬的人，或姓名字根屬亥、家、毅、壬、九的人，方位西北方為其貴人方。

4 為末第二碼者： 貴人為屬雞的人，或姓名字根有酉、佳、羽、辛、十的人，方位西方為其貴人方。

5 為末碼者： 貴人為屬牛的人，或姓名字根有丑、紐、牛、己、二的人，方位東北方為其貴人方。

5 為末第二碼者： 貴人為屬羊的人，或姓名字根屬朱、未、己、八、土者，方位西南方為其貴人方。

6 為末碼者： 貴人為屬鼠的人，或姓名字根有子、水、一的人，方位北方為其貴人方。

6 為末第二碼者： 貴人為屬猴的人，或姓名字根屬申、紳、九的人，方位西南方為其貴人方。

7 為末碼者： 貴人為屬牛的人，或姓名字根有丑、紐、牛、己、二的人，方位東北方為其貴人方。

7 為末第二碼者： 貴人為屬羊的人，或姓名字根屬朱、未、己、八、土者，方位西南方為其貴人方。

8 **為末碼者**：貴人為屬虎的人，或姓名字根有寅、木、虎、獻、卢、三的人，方位東北為其貴人方。

8 **為末第二碼者**：貴人為屬馬的人，或姓名字根屬午、忄、心、馬、丁、七的人，方位南方為其貴人方。

9 **為末碼者**：貴人為屬兔的人，或姓名字根有卯、柳、卿、艹、乙、四的人，方位東方為其貴人方。

9 **為末第二碼者**：貴人為屬蛇的人，或姓名字根屬巳、虫、它、日、火、丙、六的人，方位東南方為其貴人方。

0 **為末碼者**：貴人為屬蛇的人，或姓名字根屬巳、虫、它、日、火、丙、六的人，方位東南方為其貴人方。

0 **為末第二碼者**：貴人為屬兔的人，或姓名字根有卯、柳、卿、艹、乙、四的人，方位東方為其貴人方。

車牌、門牌、身份證、手機後二碼 01

心態、個性、人際關係

1為末碼者: 老練、沉穩、顧家、體力、耐力都比一般人強,又具備了領導統禦的心性,為老闆的格局。知道在哪個點、線、面,要如何發揮自身的功能。

0為末第二碼者: 心思較敏感細膩,宜用太陽光調理,若遇4時,將有一連串黑暗、崎嶇在交戰著,吉凶有時在一瞬間,成也0育木(春夏),敗也0毀木(秋冬),若知道天地之間的道理,就是保持正確的心念,一直走下去,才能免於天之責罰。

論財庫、財祿方位

1為尾數者: 財祿方位在東北東之方位,在此方位放上有朝氣的盆栽或聚寶盆,有招財、守財的功能。配合在西南南方或東北北方的地方放上雄赳赳氣昂昂的馬,有加速的功效。

論工作、事業

1為末碼者: 為開創之格局、能無中生有,是一位主管、老闆之格局,是行動派、積極、有創意,也為導引性、流通性之行業。作屬木、行銷之行業,如同順水推舟,事半功倍。

0為末第二碼者：機會多、客戶自己上門、流通週轉率高，門庭若市。可從適人際關係之事業、保險、學術研究者、教育工作者、門市之經營、命理諮詢、研究、教學、文化事業。

論財運、機會

能藉由口才、言律、教學、宗教、命理、五術、顧問師、諮詢師等而得財，水也為智慧，有過目不忘之情性，對於專業領域更是反應特別好，很能賺智慧財及研究發明取得專利之財。9與0最怕沾染酒色及賭博，一染上即無法自制，將前功盡棄。

解讀婚姻、感情

末一碼數字為1的男子：主動積極、人緣好而引來桃花，非常得有異性緣，但由於1是指標性人物，老闆、王者之心態，覺得女朋友多可突顯自己的能力，而較無法讓女朋友或老婆有安全感。 1為開創、會無中生有，產生魅力，而成為異性追求的目標。

末一碼數字為1的女子：屬於職業婦女之型態，因1是主管、指標性人物，喜歡掌權，個性強勢，喜歡說了就算，容易與家人發生口角、衝突，所以感情易不順遂，在感情的抉擇上，不會優柔寡斷，不會主動表白心中的愛，一旦對方對自己不忠心，會立即做決定處理，六親緣薄，宜懂得以柔來剋剛，甜言蜜語，才能有更好的姻緣。

數字解碼

末第二碼數字為０男命者: 您常讓您的情人、配偶，儼感壓力重重，有時因您的情緒不穩，而讓對方想逃避；宜改用甜言蜜語，化解因佔有而產生的是非壓力。

末二碼數字為０女命者: 在感情裏，妳想主導愛與被愛，但又有玉石俱焚的想法，因此也很難得到對方的放心及安全感，妳又因此常以離家出走作為口頭禪，實在很難了解妳在想什麼。建議，願意被佔有，才是化解危機最好的方法。

論身體、疾病

1為末碼者: 易有手部之疾，手的循環及肩的循環差，肩骨酸痛。

0為末第二碼者: 0為10為陰水，為腎臟、泌尿系統、婦科之疾，腳指易受傷、腹痛。

求貴人、方位

1為末碼者: 貴人為屬羊的人，或姓名字根屬朱、未、己、八、土者，方位西南方為其貴人方。

0為末第二碼者: 貴人為屬兔的人，或姓名字根有卯、柳、卿、艹、乙、四的人，方位東方為其貴人方。

車牌、門牌、身份證、手機後二碼 02

心態、個性、人際關係

2 為末碼者： 能借力使力的往上攀岩，又會暗中察言觀察，遇到困難會求助身旁的人，自我調適得宜，因為2乙木過不了冬天，遇寒氣重時，很容易受傷，所以必須緊攀著1甲木的樹幹往上爬。

0 為末第二碼者： 心思較敏感細膩，宜用太陽光調理，若遇4時，將有一連串黑暗、崎嶇在交戰著，吉凶有時在一瞬間，成也0育木(春夏)，敗也0毀木(秋冬)，若知道天地之間的道理，就是保持正確的心念，一直走下去，才能免於天之責罰。

論財庫、財祿方位

2 為尾數者： 財祿方位在正東之方位，在此方位放上有朝氣的盆栽或聚寶盆，有招財、守財的功能。配合在正北方或西南西方的地方放上雄赳赳氣昂昂的馬，有加速的功效。

45

論工作、事業

2為末碼者:為幕僚、企劃、扶佐、企業管理人才,適合招兵買馬、借力使力、人際關係、連鎖加盟之行業,及文化事業、出版、編輯、門市買賣之行業。

0為末第二碼者:機會多、客戶自己上門、流通週轉率高,門庭若市。可從適人際關係之事業、保險、學術研究者、教育工作者、門市之經營、命理諮詢、研究、教學、文化事業。

論財運、機會

能藉由口才、言律、教學、宗教、命理、五術、顧問師、諮詢師等而得財,水也為智慧,有過目不忘之情性,對於專業領域更是反應特別好,很能賺智慧財及研究發明取得專利之財。9與0最怕沾染酒色及賭博,一染上即無法自制,將前功盡棄。

解讀婚姻、感情

末一碼數字為2者:對於所愛的人,會勇於表達主動追求,當目標追求不到時,也易死纏不放。男命佔有慾強,不容易滿足現況,也容易見風轉舵,常常不能了解另一半想些什麼,有溝通不良的現象。

女命會為另一半改變個性,屬嫁雞隨雞、嫁狗隨狗的心態、個性。

末第二碼數字為０男命者：您常讓您的情人、配偶，備感壓力重重，有時因您的情緒不穩，而讓對方想逃避；宜改用甜言蜜語，化解因佔有而產生的是非壓力。

末二碼數字為０女命者：在感情裏，妳想主導愛與被愛，但又有玉石俱焚的想法，因此也很難得到對方的放心及安全感，妳又因此常以離家出走作為口頭禪，實在很難了解妳在想什麼。建議，願意被佔有，才是化解危機最好的方法。

論身體、疾病

２為末碼者：２為後天之天機星，也主風，易有鼻病，風力不足時無法將血氣打到頭病，所以頭部缺氧而頭暈。

０為末第二碼者：０為10為陰水，為腎臟、泌尿系統、婦科之疾，腳指易受傷、腹痛。

求貴人、方位

２為末碼者：貴人為屬猴的人，或姓名字根屬申、紳、九的人，方位西南方為其貴人方。

０為末第二碼者：貴人為屬兔的人，或姓名字根有卯、柳、卿、艹、乙、四的人，方位東方為其貴人方。

車牌、門牌、身份證、手機後二碼 03

心態、個性、人際關係

3 為末碼者: 是熱情的、感性的、主動、好客,也是躁動的,因為想幫助人,釋放出熱情的能量,所以他的一舉一動會容易引人注意,如政治人物、偶像團體…等,樂天知命,懂的化阻力為助力的人。

0 為末第二碼者: 心思較敏感細膩,宜用太陽光調理,若遇4時,將有一連串黑暗、崎嶇在交戰著,吉凶有時在一瞬間,成也0育木(春夏),敗也0毀木(秋冬),若知道天地之間的道理,就是保持正確的心念,一直走下去,才能免於天之責罰。

論財庫、財祿方位

3 為尾數者:財祿方位在東南南之方位,在此方位放上有朝氣的盆栽或聚寶盆,有招財、守財的功能。配合在正西方的地方放上雄赳赳氣昂昂的馬,有加速的功效。

論工作、事業

3為末碼者：適合公眾之人物、知名人物、政治家、企業家、生產、開創、製造，能靠品牌行銷海外各地，名氣望，也易引來是非、訴訟、爭執，宜低調行事，才能避免不必要的是非。

0為末第二碼者：機會多、客戶自己上門、流通週轉率高，門庭若市。可從適人際關係之事業、保險、學術研究者、教育工作者、門市之經營、命理諮詢、研究、教學、文化事業。

論財運、機會

能藉由口才、言律、教學、宗教、命理、五術、顧問師、諮詢師等而得財，水也為智慧，有過目不忘之情性，對於專業領域更是反應特別好，很能賺智慧財及研究發明取得專利之財。9與0最怕沾染酒色及賭博，一染上即無法自制，將前功盡棄。

解讀婚姻、感情

末一碼為3的男命：本身名聲、地位、知名度都很高，但一進入感情，就如同眼睛被雲霧遮住，只愛美人不愛江山，同時也希望公開得到眾人的祝福。

末一碼數字為3的女命：會為感情付出一切，也會為愛來放棄一切，追求所愛，一旦進入婚姻，常常因另一半情緒起伏很大，忽晴忽雨，有時讓對方無法招架。

末第二碼數字為0男命者: 您常讓您的情人、配偶，憊感壓力重重，有時因您的情緒不穩，而讓對方想逃避；宜改用甜言蜜語，化解因佔有而產生的是非壓力。

末二碼數字為0女命者: 在感情裏，妳想主導愛與被愛，但又有玉石俱焚的想法，因此也很難得到對方的放心及安全感，妳又因此常以離家出走作為口頭禪，實在很難了解妳在想什麼。建議，願意被佔有，才是化解危機最好的方法。

論身體、疾病

3為末碼者: 心火大、眼壓高，易有近視散光，也易得眼疾，額頭易有疤痕。

0為末第二碼者: 0為10為陰水，為腎臟、泌尿系統、婦科之疾，腳指易受傷、腹痛。

求貴人、方位

3為末碼者及末第二碼者: 貴人為屬雞的人，或姓名字根屬酉、佳、羽、辛、十的人，方位西方或東南方為其貴人方。

0為末第二碼者: 貴人為屬兔的人，或姓名字根有卯、柳、卿、艹、乙、四的人，方位東方為其貴人方。

車牌、門牌、身份證、手機後二碼 04

心態、個性、人際關係

4 為末碼者：對週遭環境的敏銳性、和變化度，是具有一般人沒有的張力與耐力，喜歡將自己隱藏在都市裡，過著上班族的生活方式，也能喜歡將內心的感受化為力量，轉化為效率，是一位優秀的主管。

0 為末第二碼者：心思較敏感細膩，宜用太陽光調理，若遇4時，將有一連串黑暗、崎嶇在交戰著，吉凶有時在一瞬間，成也0育木（春夏），敗也0毀木（秋冬），若知道天地之間的道理，就是保持正確的心念，為別人解決問題、困難，反而得到天的助力免於天之責罰。

論財庫、財祿方位

4 為尾數者：財祿方位在正南之方位，在此方位放上有朝氣的盆栽或聚寶盆，有招財、守財的功能。配合在正西方或西北北方的地方放上雄赳赳氣昂昂的馬，有加速的功效。

論工作、事業

4 為末碼者：做事業常猶豫不決、優柔寡斷，沒有安全感，較無法有效開拓市場，但能守成，適合內部管理、內部主管之格局，行政管理，做事重視效率、結果，常用績效作為管理。

0 為末第二碼者：機會多、客戶自己上門、流通週轉率高，門庭若市。可從適人際關係之事業、保險、銀行業務拓展、專業經理人、學術研究者、教育工作者、門市之經營、命理諮詢、研究、教學、文化事業。

論財運、機會

能藉由口才、言律、教學、宗教、命理、五術、顧問師、諮詢師等而得財，水也為智慧，有過目不忘之情性，對於專業領域更是反應特別好，很能賺智慧財及研究發明取得專利之財。9與0最怕沾染酒色及賭博，一染上即無法自制，將前功盡棄。

解讀婚姻、感情

末一碼數字為4者：多才多藝，而讓另一半著迷，不在意對方的穿著，只在意感覺，常以感覺來衡量愛的多少，當對方稍為有點冷淡時，就覺得對方不再愛他了。

男命：另一半常讓自己壓力重重，在家庭會以老婆為主，在事業上是位專業主管，有時對愛沒有安全感，而老是調查對方的行蹤，讓對方相當困擾。

女命：常常為了愛情，而氣的流眼淚，因為對方在意的是事業，認為麵包比愛情更為重要。

末第二碼數字為 0 男命者：您常讓您的情人、配偶，億感壓力重重，有時因您的情緒不穩，而讓對方想逃避；宜改用甜言蜜語，化解因佔有而產生的是非壓力。

末二碼數字為 0 女命者：在感情裏，妳想主導愛與被愛，但又有玉石俱焚的想法，因此也很難得到對方的放心及安全感，妳又因此常以離家出走作為口頭禪，實在很難了解妳在想什麼。建議，願意被佔有，才是化解危機最好的方法。

論身體、疾病

4 為末碼者：眼睛常佈滿血絲，常眼紅，視力不佳，火氣大、脾氣暴躁。

0 為末第二碼者：0 為 10 為陰水，為腎臟、泌尿系統、婦科之疾，腳指易受傷、腹痛。

求貴人、方位

4 為末碼者：貴人為屬豬的人，或姓名字根屬亥、家、毅、壬、九的人，方位西北方為其貴人方。

0 為末第二碼者：貴人為屬兔的人，或姓名字根有卯、柳、卿、艹、乙、四的人，方位東方為其貴人方。

車牌、門牌、身份證、手機後二碼 05

心態、個性、人際關係

5 為末碼者：喜愛孤獨、思想沈寂、被動式的和人互動，在職場上精明與幹練，與同事間也合作無間，喜愛日出而作，日落而息的生活方式，下班後，工作與生活是分開的，喜歡與大自然為伍，用心體會四季的變化與更迭，享受自己寧靜的生活，不被打擾。

0 為末第二碼者：心思較敏感細膩，宜用太陽光調理，若遇 4 時，將有一連串黑暗、崎嶇在交戰著，吉凶有時在一瞬間，成也 0 育木（春夏），敗也 0 毀木（秋冬），若知道天地之間的道理，就是保持正確的心念，一直走下去，才能免於天之責罰。

論財庫、財祿方位

5 為尾數者：財祿方位在東南南之方位，在此方位放上有朝氣的盆栽或聚寶盆，有招財、守財的功能。配合在東北北方或西南南方的地方放上雄赳赳氣昂昂的馬，有加速的功效。

論工作、事業

5 為末碼者: 常深思熟慮,考慮過多,而失去一些機會,也常自我設限,工作不易變動,穩定性高。適合心靈導師與宗教、神學有緣,能保有一技之長之工作性質,也能在土木建築上發揮專長,也適合固定性、穩定性軍警、公務之事業。

0 為末第二碼者: 機會多、客戶自己上門、流通週轉率高,門庭若市。可從適人際關係之事業、保險、學術研究者、教育工作者、門市之經營、命理諮詢、研究、教學、文化事業。

論財運、機會

能藉由口才、言律、教學、宗教、命理、五術、顧問師、諮詢師等而得財,水也為智慧,有過目不忘之情性,對於專業領域更是反應特別好,很能賺智慧財及研究發明取得專利之財。9與0最怕沾染酒色及賭博,一染上即無法自制,將前功盡棄。

解讀婚姻、感情

末一碼數字為5者: 5為高山、思想堅持己見、理性、不好溝通,對於所愛的人,不會主動展開追求,不會採取行動,只有等待,感覺不對,就會踩剎煞車,常讓對方覺得不浪漫、不懂得情趣。男命較無法了解另一半的想法。女命者想要有穩定的感情。

末第二碼數字為０男命者：您常讓您的情人、配偶，憶感壓力重重，有時因您的情緒不穩，而讓對方想逃避；宜改用甜言蜜語，化解因佔有而產生的是非壓力。

末二碼數字為０女命者：在感情裏，妳想主導愛與被愛，但又有玉石俱焚的想法，因此也很難得到對方的放心及安全感，妳又因此常以離家出走作為口頭禪，實在很難了解妳在想什麼。建議，願意被佔有，才是化解危機最好的方法。

論身體、疾病

5為末碼者：關節炎、頸椎，脖子易酸痛、五十肩、脊椎易側彎異位，皮膚乾燥。

0為末第二碼者：0為10為陰水，為腎臟、泌尿系統、婦科之疾，腳指易受傷、腹痛。

求貴人、方位

5為末碼者：貴人為屬牛的人，或姓名字根有丑、紐、牛、己、二的人，方位東北方為其貴人方。

0為末第二碼者：貴人為屬兔的人，或姓名字根有卯、柳、卿、艹、乙、四的人，方位東方為其貴人方。

車牌、門牌、身份證、手機後二碼 06

心態、個性、人際關係

6為末碼者： 平易近人、沒有架子、不懂拒絕別人，是爛好人的一種。內心世界是多彩多姿的，懂得利用時間學習才藝，充實內在的生活，知道人生的去向，了解世界局勢，懂得累積能量，在必要時釋放出好的能量、磁場，給予團隊新的點子。

0為末第二碼者： 心思較敏感細膩，宜用太陽光調理，若遇4時，將有一連串黑暗、崎嶇在交戰著，吉凶有時在一瞬間，成也0育木(春夏)，敗也0毀木(秋冬)，若知道天地之間的道理，就是保持正確的心念，一直走下去，才能免於天之責罰。

論財庫、財祿方位

6為尾數者： 財祿方位在正南之方位，在此方位放上有朝氣的盆栽或聚寶盆，有招財、守財的功能。配合在正北方或西南西方的地方放上雄赳赳氣昂昂的馬，有加速的功效。

論工作、事業

6 為末碼者: 平易近人、穩定性高,適合門市、內勤、人際關係之事業、服務業、宗教用品,也適合教化、教育工作者。

0 為末第二碼者: 機會多、客戶自己上門、流通週轉率高,門庭若市。可從適人際關係之事業、保險、學術研究者、教育工作者、門市之經營、命理諮詢、研究、教學、文化事業。

論財運、機會

能藉由口才、言律、教學、宗教、命理、五術、顧問師、諮詢師等而得財,水也為智慧,有過目不忘之情性,對於專業領域更是反應特別好,很能賺智慧財及研究發明取得專利之財。9與0最怕沾染酒色及賭博,一染上即無法自制,將前功盡棄。

解讀婚姻、感情

末一碼數字為6者: 6為平原、平易近人,得到很多的粉絲及追求者,但也常感情而陷入迷失當中,而無法自拔,雖然是被動,但不懂得拒絕,而產生糾纏;宜多聽從長輩的建議,會有更良好的結果。

末第二碼數字為 0 男命者: 您常讓您的情人、配偶,儍感壓力重重,有時因您的情緒不穩,而讓對方想逃避;宜改用甜言蜜語,化解因佔有而產生的是非壓力。

末二碼數字為 0 女命者: 在感情裏,妳想主導愛與被愛,但又有玉石俱焚的想法,因此也很難得到對方的放心及安全感,妳又因此常以離家出走作為口頭禪,實在很難了解妳在想什麼。建議,願意被佔有,才是化解危機最好的方法。

論身體、疾病

6 為末碼者: 皮膚易長溼疹、青春痘、肌肉酸痛,喜歡吃白飯、喝熱湯,支氣管不佳。

0 為末第二碼者: 0 為 10 為陰水,為腎臟、泌尿系統、婦科之疾,腳指易受傷、腹痛。

求貴人、方位

6 為末碼者: 貴人為屬鼠的人,或姓名字根有子、水、一的人,方位北方為其貴人方。

0 為末第二碼者: 貴人為屬兔的人,或姓名字根有卯、柳、卿、艹、乙、四的人,方位東方為其貴人方。

車牌、門牌、身份證、手機後二碼 07

心態、個性、人際關係

7 為末碼者: 有改革的氣魄,在金融界,可發揮長才,得用時,更可將事業版圖拓展到另一個層面、風行天下,創造未來,未來黃金十年,知道智慧財,比勞力財來的重要,所以會轉戰自己熟悉的領域。

0 為末第二碼者: 心思較敏感細膩,宜用太陽光調理,若遇4時,將有一連串黑暗、崎嶇在交戰著,吉凶有時在一瞬間,成也0育木(春夏),敗也0毀木(秋冬),若知道天地之間的道理,就是保持正確的心念,一直走下去,才能免於天之責罰。

論財庫、財祿方位

7 為尾數者: 財祿方位在西南西之方位,在此方位放上有朝氣的盆栽或聚寶盆,有招財、守財的功能。配合在西南南方或東北北方的地方放上雄赳赳氣昂昂的馬,有加速的功效。

論工作、事業

7 為末碼者: 行動派,有如將軍作戰,主動積極、野心大,要就來大的,沒有大的就不想表現,但也易半途而廢,能獨當一面,到遠方開闢疆土,也為老闆、主管之格局有改革的魄力及決心,但也常一意孤行,而產生挫折。

0 為末第二碼者: 機會多、客戶自己上門、流通週轉率高,門庭若市。可從適人際關係之事業、保險、學術研究者、教育工作者、門市之經營、命理諮詢、研究、教學、文化事業。

論財運、機會

能藉由口才、言律、教學、宗教、命理、五術、顧問師、諮詢師等而得財,水也為智慧,有過目不忘之情性,對於專業領域更是反應特別好,很能賺智慧財及研究發明取得專利之財。9與0最怕沾染酒色及賭博,一染上即無法自制,將前功盡棄。

解讀婚姻、感情

末第一碼數字為 7 者: 對所愛之人,相當有責任感,會為對方改變直接、好勝的個性,雖是大男人、大女人,但遇到感情卻變得進退不果。

末第二碼數字為0男命者: 您常讓您的情人、配偶,憶感壓力重重,有時因您的情緒不穩,而讓對方想逃避;宜改用甜言蜜語,化解因佔有而產生的是非壓力。

末二碼數字為0女命者: 在感情裏,妳想主導愛與被愛,但又有玉石俱焚的想法,因此也很難得到對方的放心及安全感,妳又因此常以離家出走作為口頭禪,實在很難了解妳在想什麼。建議,願意被佔有,才是化解危機最好的方法。

論身體、疾病

7為末碼者: 7為陽金,主動,易頭暈,為呼吸道、氣管之相關問題,有過敏性鼻炎及喉嚨騷癢,易咳嗽。

0為末第二碼者: 0為10為陰水,為腎臟、泌尿系統、婦科之疾,腳指易受傷、腹痛。

求貴人、方位

7為末碼者: 貴人為屬牛的人,或姓名字根有丑、紐、牛、己、二的人,方位東北方為其貴人方。

0為末第二碼者: 貴人為屬兔的人,或姓名字根有卯、柳、卿、艹、乙、四的人,方位東方為其貴人方。

車牌、門牌、身份證、手機後二碼 08

心態、個性、人際關係

8 為末碼者: 外表貴氣,無行動力,重感覺、愛幻想,力道不足,所以會像雲霧一樣膠著,所以8辛金之人碰到問題,就會往宗教裡去尋求解脫,和心靈層次的成長,在冥想、靜心當中,開啟智慧的寶庫。

0 為末第二碼者: 心思較敏感細膩,宜用太陽光調理,若遇4時,將有一連串黑暗、崎嶇在交戰著,吉凶有時在一瞬間,成也0育木(春夏),敗也0毀木(秋冬),若知道天地之間的道理,就是保持正確的心念,一直走下去,才能免於天之責罰。

論財庫、財祿方位

8 為尾數者: 財祿方位在正西之方位,在此方位放上有朝氣的盆栽或聚寶盆,有招財、守財的功能。配合在正南方或東北東方的地方放上雄赳赳氣昂昂的馬,有加速的功效。

論工作、事業

8 為末碼者:人緣好、人際關係佳,有貴氣,適合金融業、珠寶買賣、古董家具、手工藝品、美容師、美髮師,以口為業,如美食、餐廳、小吃,業務性質、老師、補習班、仲介業、24小時便利商、人際關係之事業,也與宗教、心靈有關係。

論財運、機會

能藉由口才、言律、教學、宗教、命理、五術、顧問師、諮詢師等而得財,水也為智慧,有過目不忘之情性,對於專業領域更是反應特別好,很能賺智慧財及研究發明取得專利之財。9與0最怕沾染酒色及賭博,一染上即無法自制,將前功盡棄。

解讀婚姻、感情

末一碼數字為8者:在意每次約會的氣氛、感覺,也在意對方的心態感受,但也因太在意感覺,而讓對方難以適應。記得:不要因王子病或公主病,而失去美好的感情。

末第二碼數字為0男命者:您常讓您的情人、配偶,備感壓力重重,有時因您的情緒不穩,而讓對方想逃避;宜改用甜言蜜語,化解因佔有而產生的是非壓力。

末二碼數字為 0 女命者: 在感情裏，妳想主導愛與被愛，但又有玉石俱焚的想法，因此也很難得到對方的放心及安全感，妳又因此常以離家出走作為口頭禪，實在很難了解妳在想什麼。建議，願意被佔有，才是化解危機最好的方法。

論身體、疾病

8 為末碼者: 8 為辛金、二氧化碳，食道發炎，主因胃酸過多引起腸胃之疾。

0 為末第二碼者: 0 為 10 為陰水，為腎臟、泌尿系統、婦科之疾，腳指易受傷、腹痛。

求貴人、方位

8 為末碼者: 貴人為屬虎的人，或姓名字根有寅、木、虎、獻、虍、三的人，方位東北為其貴人方。

0 為末第二碼者: 貴人為屬兔的人，或姓名字根有卯、柳、卿、艹、乙、四的人，方位東方為其貴人方。

車牌、門牌、身份證、手機後二碼 09

心態、個性、人際關係

9 為末碼者： 機巧、靈敏、動作敏捷、快速，是這個時代的產物，他勇於表現自己，推銷自己，善於掌握時機點，讓自己加分、得利。在這樣物質不缺的年代，有可能上台下台，只是一瞬間，變化太快了，沒有足夠的根基，很容易淘汰下來，瞬間化為烏有。

0 為末第二碼者： 心思較敏感細膩，宜用太陽光調理，若遇4時，將有一連串黑暗、崎嶇在交戰著，吉凶有時在一瞬間，成也0育木（春夏），敗也0毀木（秋冬），若知道天地之間的道理，就是保持正確的心念，一直走下去，才能免於天之責罰。

論財庫、財祿方位

9 為尾數者： 財祿方位在西北北之方位，在此方位放上有朝氣的盆栽或聚寶盆，有招財、守財的功能。配合在正東方或東南南方的地方放上雄赳赳氣昂昂的馬，有加速的功效。

論工作、事業

9 為末碼者: 主動積極、持續力強,很好的業務拓展人才,適合旅遊業、運輸業、進口貿易、喪葬禮儀,命理、五術、諮詢,保險業、土地開發、代書、八大行業,律師、老師、言論工作者,水療養生、演藝事業。

0 為末第二碼者: 機會多、客戶自己上門、流通週轉率高,門庭若市。可從適人際關係之事業、保險、學術研究者、教育工作者、門市之經營、命理諮詢、研究、教學、文化事業。

論財運、機會

能藉由口才、言律、教學、宗教、命理、五術、顧問師、諮詢師等而得財,水也為智慧,有過目不忘之情性,對於專業領域更是反應特別好,很能賺智慧財及研究發明取得專利之財。9與0最怕沾染酒色及賭博,一染上即無法自制,將前功盡棄。

解讀婚姻、感情

末一碼數字為 9 者: 對喜歡的人,勇於追求表達心中的愛,能言善道,而擄獲對方的心,異性緣佳,對方會主動放低門檻,讓您得到機會;但遇到挫折,容易嫉妒、破壞,讓對方備感壓力重重。宜改用祝福對方的方式,才能使您未來的緣份更深厚,更永固。

末第二碼數字為 0 男命者: 您常讓您的情人、配偶,億感壓力重重,有時因您的情緒不穩,而讓對方想逃避;宜改用甜言蜜語,化解因佔有而產生的是非壓力。

末二碼數字為 0 女命者: 在感情裏,妳想主導愛與被愛,但又有玉石俱焚的想法,因此也很難得到對方的放心及安全感,妳又因此常以離家出走作為口頭禪,實在很難了解妳在想什麼。建議,願意被佔有,才是化解危機最好的方法。

論身體、疾病

9 為末碼者: 腦神經衰弱、睡不著、焦慮、易有幻覺、及內耳膜失衡。

0 為末第二碼者: 0 為 10 為陰水,為腎臟、泌尿系統、婦科之疾,腳指易受傷、腹痛。

求貴人、方位

9 為末碼者: 貴人為屬兔的人,或姓名字根有卯、柳、卿、艹、乙、四的人,方位東方為其貴人方。

0 為末第二碼者: 貴人為屬兔的人,或姓名字根有卯、柳、卿、艹、乙、四的人,方位東方為其貴人方。

車牌、門牌、身份證、手機後二碼 10

心態、個性、人際關係

0 為末碼者： 逆向思考，反向操作，學習學術，懂得天地之間、宇宙萬物陰陽交媾，合和為一之事，像隱藏在黑夜裡窺探的眼睛，了解冥冥之中，有一股力量在主宰著，也喜歡照顧別人，為人付出時得到快樂而成長。

1 為末第二碼者： 像極了家裏的老大喜歡一肩挑起照顧弟妹的責任、犧牲、奉獻，勇於解決困難，上了舞台，就是舞台中的靈魂人物，操控全場，知道和台下的人事物結合成一體，使每一次的相處可達到圓滿而無憾。

論財庫、財祿方位

0 為尾數者： 財祿方位在正北之方位，在此方位放上有朝氣的盆栽或聚寶盆，有招財、守財的功能。配合在東南南或正東方的地方放上雄赳赳氣昂昂的馬，有加速的功效

論工作、事業

0 為末第二碼者：機會多、客戶自己上門、流通週轉率高，門庭若市。可從適人際關係之事業、保險、學術研究者、教育工作者、門市之經營、命理諮詢、研究、教學、文化事業。

1 為末第二碼者：適合創意、設計、發明、喜歡無中生有，對藝術相當的敏銳，可成為優秀的藝術家、廣告設計師，喜歡開創、動腦筋、發明。

論財運、機會

1 為大樹，指標性人物，賺錢靠權貴、老字號及開創、行銷，越老字號，財賺的越多；做事有規劃、按步就班而得到財利，不喜歡受人約束，人際關係越好，錢賺的越多，也可用創意相關之行業而得到財利。

解讀婚姻、感情

末一碼數字為 0 者：異性緣佳、佔有慾強，能為所愛的人付出一切，但發現對方不專情時，易有玉石俱焚的現象，在感情世界，忽晴忽雨，很難讓對方了解，也唯有真誠的對待、溝通，緣份才能長長久久。

末第二碼數字為 1 者，男女同論：1 為開創、開發，喜歡受到依附，能無中生有，有創意、點子多，在感情上只要對方不主動表示沒有 1 不行，或是不覺得對方在依附時，就很容易胡思亂想、常常查勤。宜透過溝通，將內心的想法告訴對方，感情才能更常美滿。

論身體、疾病

0 為末碼者：易幻想、幻聽、腦神經衰弱、睡不著、常作惡夢、口腔破、下巴易有疤痕。

1 為末第二碼者：肝、膽功能差、火氣大、脊椎易受傷、手腳麻痺、足部之疾，容易骨折，也易脂肪肝、血管中風之疾、不良於行。

求貴人、方位

0 為末碼者：貴人為屬蛇的人，或姓名字根屬巳、虫、它、日、火、丙、六的人，方位東南方為其貴人方。

1 為末第二碼者：貴人為屬牛的人，或姓名字根有丑、紐、牛、己、二的人，方位東北為其貴人方。

車牌、門牌、身份證、手機後二碼 11

心態、個性、人際關係

1為末碼者：老練、沉穩、顧家、體力、耐力都比一般人強，又具備了領導統禦的心性，為老闆的格局。知道在哪個點、線、面，要如何發揮自身的功能。

1為末第二碼者：像極了家裏的老大喜歡一肩挑起照顧弟妹的責任、犧牲、奉獻，勇於解決困難，上了舞台，就是舞台中的靈魂人物，操控全場，知道和台下的人事物結合成一體，使每一次的相處可達到圓滿而無憾。

論財庫、財祿方位

1為尾數者：財祿方位在東北東之方位，在此方位放上有朝氣的盆栽或聚寶盆，有招財、守財的功能。配合在西南南方或東北北方的地方放上雄赳赳氣昂昂的馬，有加速的功效。

論工作、事業

1為末碼者：為開創之格局、能無中生有，是一位主管、老闆之格局，是行動派、積極、有創意，也為導引性、流通性之行業。作屬木、行銷之行業，如同順水推舟，事半功倍。

1為末第二碼者:適合創意、設計、發明、喜歡無中生有,對藝術相當的敏銳,可成為優秀的藝術家、廣告設計師,喜歡開創、動腦筋、發明。

論財運、機會

1為大樹,指標性人物,賺錢靠權貴、老字號及開創、行銷,越老字號,財賺的越多;做事有規劃、按步就班而得到財利,不喜歡受人約束,人際關係越好,錢賺的越多,也可用創意相關之行業而得到財利。

解讀婚姻、感情

末一碼數字為1的男子:主動積極、人緣好而引來桃花,非常得有異性緣,但由於1是指標性人物,老闆、王者之心態,覺得女朋友多可突顯自己的能力,而較無法讓女朋友或老婆有安全感。

1為開創、會無中生有,產生魅力,而成為異性追求的目標。

末一碼數字為1的女子:屬於職業婦女之型態,因1是主管、指標性人物,喜歡掌權,個性強勢,喜歡說了就算,容易與家人發生口角、衝突,所以感情易不順遂,在感情的抉擇上,不會優柔寡斷,不會主動表白心中的愛,一旦對方對自己不忠心,會立即做決定處理,六親緣薄,宜懂得以柔來剋剛,甜言蜜語,才能有更好的姻緣。

末第二碼數字為 1 者，男女同論： 1 為開創、開發，喜歡受到依附，能無中生有，有創意、點子多，在感情上只要對方不主動表示沒有 1 不行，或是不覺得對方在依附時，就很容易胡思亂想、常常查勤。宜透過溝通，將內心的想法告訴對方，感情才能更美滿。

論身體、疾病

1 為末碼者： 易有手部之疾，手的循環及肩的循環差，肩骨酸痛。

1 為末第二碼者： 肝、膽功能差、火氣大、脊椎易受傷、手腳麻痺、足部之疾，容易骨折，也易脂肪肝、血管中風之疾、不良於行。

求貴人、方位

1 為末碼者： 貴人為屬羊的人，或姓名字根屬朱、未、己、八、土者，方位西南方為其貴人方。

1 為末第二碼者： 貴人為屬牛的人，或姓名字根有丑、紐、牛、己、二的人，方位東北為其貴人方。

車牌、門牌、身份證、手機後二碼
1 2

心態、個性、人際關係

2 為末碼者: 能借力使力的往上攀岩,又會暗中察言觀察,遇到困難會求助身旁的人,自我調適得宜,因為 2 乙木過不了冬天,遇寒氣重時,很容易受傷,所以必須緊攀著 1 甲木的樹幹往上爬。

1 為末第二碼者: 像極了家裏的老大喜歡一肩挑起照顧弟妹的責任、犧牲、奉獻,勇於解決困難,上了舞台,就是舞台中的靈魂人物,操控全場,知道和台下的人事物結合成一體,使每一次的相處可達到圓滿而無憾。

論財庫、財祿方位

2 為尾數者: 財祿方位在正東之方位,在此方位放上有朝氣的盆栽或聚寶盆,有招財、守財的功能。配合在正北方或西南西方的地方放上雄赳赳氣昂昂的馬,有加速的功效。

論工作、事業

2為末碼者：為幕僚、企劃、扶佐、企業管理人才，適合招兵買馬、借力使力、人際關係、連鎖加盟之行業，及文化事業、出版、編輯、門市買賣之行業。

1為末第二碼者：適合創意、設計、發明、喜歡無中生有，對藝術相當的敏銳，可成為優秀的藝術家、廣告設計師，喜歡開創、動腦筋、發明。

論財運、機會

1為大樹，指標性人物，賺錢靠權貴、老字號及開創、行銷，越老字號，財賺的越多；做事有規劃、按步就班而得到財利，不喜歡受人約束，人際關係越好，錢賺的越多，也可用創意相關之行業而得到財利。

解讀婚姻、感情

末一碼數字為2者：對於所愛的人，會勇於表達主動追求，當目標追求不到時，也易死纏不放。男命佔有慾強，不容易滿足現況，也容易見風轉舵，常常不能了解另一半想些什麼，有溝通不良的現象。

女命會為另一半改變個性，屬嫁雞隨雞、嫁狗隨狗的心態、個性。

末第二碼數字為1者，男女同論： 1 為開創、開發，喜歡受到依附，能無中生有，有創意、點子多，在感情上只要對方不主動表示沒有 1 不行，或是不覺得對方在依附時，就很容易胡思亂想、常常查勤。宜透過溝通，將內心的想法告訴對方，感情才能更美滿。

論身體、疾病

2 為末碼者： 2 為後天之天機星，也主風，易有鼻病，風力不足時無法將血氣打到頭病，所以頭部缺氧而頭暈。

1 為末第二碼者： 肝、膽功能差、火氣大、脊椎易受傷、手腳麻痺、足部之疾，容易骨折，也易脂肪肝、血管中風之疾、不良於行。

求貴人、方位

2 為末碼者： 貴人為屬猴的人，或姓名字根屬申、紳、九的人，方位西南方為其貴人方。

1 為末第二碼者： 貴人為屬牛的人，或姓名字根有丑、紐、牛、己、二的人，方位東北為其貴人方。

車牌、門牌、身份證、手機後二碼
１３

心態、個性、人際關係

3 為末碼者: 是熱情的、感性的、主動、好客,也是躁動的,因為想幫助人,釋放出熱情的能量,所以他的一舉一動會容易引人注意,如政治人物、偶像團體…等,樂天知命,懂的化阻力為助力的人。

1 為末第二碼者: 像極了家裏的老大喜歡一肩挑起照顧弟妹的責任、犧牲、奉獻,勇於解決困難,上了舞台,就是舞台中的靈魂人物,操控全場,知道和台下的人事物結合成一體,使每一次的相處可達到圓滿而無憾。

論財庫、財祿方位

3 為尾數者: 財祿方位在東南南之方位,在此方位放上有朝氣的盆栽或聚寶盆,有招財、守財的功能。配合在正西方的地方放上雄赳赳氣昂昂的馬,有加速的功效。

論工作、事業

3為末碼者：適合公眾之人物、知名人物、政治家、企業家、生產、開創、製造，能靠品牌行銷海外各地，名氣望，也易引來是非、訴訟、爭執，宜低調行事，才能避免不必要的是非。

1為末第二碼者：適合創意、設計、發明、喜歡無中生有，對藝術相當的敏銳，可成為優秀的藝術家、廣告設計師，喜歡開創、動腦筋、發明。

論財運、機會

1為大樹，指標性人物，賺錢靠權貴、老字號及開創、行銷，越老字號，財賺的越多；做事有規劃、按步就班而得到財利，不喜歡受人約束，人際關係越好，錢賺的越多，也可用創意相關之行業而得到財利。

解讀婚姻、感情

末一碼為3的男命：本身名聲、地位、知名度都很高，但一進入感情，就如同眼睛被雲霧遮住，只愛美人不愛江山，同時也希望公開得到眾人的祝福。

末一碼數字為3的女命：會為感情付出一切，也會為愛來放棄一切，追求所愛，一旦進入婚姻，常常因另一半情緒起伏很大，忽晴忽雨，有時讓對方無法招架。

末第二碼數字為 1 者，男女同論：1 為開創、開發，喜歡受到依附，能無中生有，有創意、點子多，在感情上只要對方不主動表示沒有 1 不行，或是不覺得對方在依附時，就很容易胡思亂想、常常查勤。宜透過溝通，將內心的想法告訴對方，感情才能更美滿。

論身體、疾病

3 為末碼者： 心火大、眼壓高，易有近視散光，也易得眼疾，額頭易有疤痕。

1 為末第二碼者： 肝、膽功能差、火氣大、脊椎易受傷、手腳麻痺、足部之疾，容易骨折，也易脂肪肝、血管中風之疾、不良於行。

求貴人、方位

1 為末第二碼者： 貴人為屬牛的人，或姓名字根有丑、紐、牛、己、二的人，方位東北為其貴人方。

3 為末碼者及末第二碼者： 貴人為屬雞的人，或姓名字根屬酉、隹、羽、辛、十的人，方位西方或東南方為其貴人方。

車牌、門牌、身份證、手機後二碼
1 4

心態、個性、人際關係

4 為末碼者: 對週遭環境的敏銳性、和變化度,是具有一般人沒有的張力與耐力,喜歡將自己隱藏在都市裡,過著上班族的生活方式,也能喜歡將內心的感受化為力量,轉化為效率。

1 為末第二碼者: 像極了家裏的老大喜歡一肩挑起照顧弟妹的責任、犧牲、奉獻,勇於解決困難,上了舞台,就是舞台中的靈魂人物,操控全場,知道和台下的人事物結合成一體,使每一次的相處可達到圓滿而無憾。

論財庫、財祿方位

4 為尾數者: 財祿方位在正南之方位,在此方位放上有朝氣的盆栽或聚寶盆,有招財、守財的功能。配合在正西方或西北北方的地方放上雄赳赳氣昂昂的馬,有加速的功效。

論工作、事業

4 為末碼者: 做事業常猶豫不決、優柔寡斷,沒有安全感,較無法有效開拓市場,但能守成,適合內部管理、內部主管之格局,行政管理,做事重視效率、結果,常用績效作為管理。

1 為末第二碼者: 適合創意、設計、發明、喜歡無中生有,對藝術相當的敏銳,可成為優秀的藝術家、廣告設計師,喜歡開創、動腦筋、發明。

論財運、機會

1 為大樹,指標性人物,賺錢靠權貴、老字號及開創、行銷,越老字號,財賺的越多;做事有規劃、按步就班而得到財利,不喜歡受人約束,人際關係越好,錢賺的越多,也可用創意相關之行業而得到財利。

解讀婚姻、感情

末一碼數字為 4 者: 多才多藝,而讓另一半著迷,不在意對方的穿著,只在意感覺,常以感覺來衡量愛的多少,當對方稍為有點冷淡時,就覺得對方不再愛他了。

男命: 常讓另一半壓力重重，因為 4 自身對愛沒有安全感，而老是調查對方的行蹤，讓對方相當困擾。

女命: 常常為了愛情，而氣的流眼淚，因為對方在意的是事業，認為麵包比愛情更為重要。

末第二碼數字為 1 者，男女同論: 1 為開創、開發，喜歡受到依附，能無中生有，有創意、點子多，在感情上只要對方不主動表示沒有 1 不行，或是不覺得對方在依附時，就很容易胡思亂想、常常查勤。宜透過溝通，將內心的想法告訴對方，感情才能更美滿。

論身體、疾病

4 為末碼者: 眼睛常佈滿血絲，常眼紅，視力不佳，火氣大、脾氣暴躁。

1 為末第二碼者: 肝、膽功能差、火氣大、脊椎易受傷、手腳麻痺、足部之疾，容易骨折，也易脂肪肝、血管中風之疾、不良於行。

求貴人、方位

4 為末碼者: 貴人為屬豬的人，或姓名字根屬亥、家、毅、壬、九的人，方位西北方為其貴人方。

1 為末第二碼者: 貴人為屬牛的人，或姓名字根有丑、紐、牛、己、二的人，方位東北為其貴人方。

車牌、門牌、身份證、手機後二碼
15

心態、個性、人際關係

5 為末碼者：喜愛孤獨、思想沈寂、被動式的和人互動，在職場上精明與幹練，與同事間也合作無間，喜愛日出而作，日落而息的生活方式，下班後，工作與生活是分開的，喜歡與大自然為伍，用心體會四季的變化與更迭，享受自己寧靜的生活，不被打擾。

1 為末第二碼者：像極了家裏的老大喜歡一肩挑起照顧弟妹的責任、犧牲、奉獻，勇於解決困難，上了舞台，就是舞台中的靈魂人物，操控全場，知道和台下的人事物結合成一體，使每一次的相處可達到圓滿而無憾。

論財庫、財祿方位

5 為尾數者：財祿方位在東南南之方位，在此方位放上有朝氣的盆栽或聚寶盆，有招財、守財的功能。配合在東北北方或西南南方的地方放上雄赳赳氣昂昂的馬，有加速的功效。

論工作、事業

5 為末碼者：常深思熟慮，考慮過多，而失去一些機會，也常自我設限，工作不易變動，穩定性高。適合心靈導師與宗教、神學有緣，能保有一技之長之工作性質，也能在土木建築上發揮專長，也適合固定性、穩定性軍警、公務之事業。

1 為末第二碼者：適合創意、設計、發明、喜歡無中生有，對藝術相當的敏銳，可成為優秀的藝術家、廣告設計師，喜歡開創、動腦筋、發明。

論財運、機會

1 為大樹，指標性人物，賺錢靠權貴、老字號及開創、行銷，越老字號，財賺的越多；做事有規劃、按步就班而得到財利，不喜歡受人約束，人際關係越好，錢賺的越多，也可用創意相關之行業而得到財利。

解讀婚姻、感情

末一碼數字為5者：5 為高山、思想堅持己見、理性、不好溝通，對於所愛的人，不會主動展開追求，不會採取行動，只有等待，感覺不對，就會踩剎煞車，常讓對方覺得不浪漫、不懂得情趣。男命較無法了解另一半的想法。女命者想要有穩定的感情。

末第二碼數字為1者，男女同論：1為開創、開發，喜歡受到依附，能無中生有，有創意、點子多，在感情上只要對方不主動表示沒有1不行，或是不覺得對方在依附時，就很容易胡思亂想、常常查勤。宜透過溝通，將內心的想法告訴對方，感情才能更美滿。

論身體、疾病

5為末碼者：關節炎、頸椎，脖子易酸痛、五十肩、脊椎易側彎異位，皮膚乾燥。

1為末第二碼者：肝、膽功能差、火氣大、脊椎易受傷、手腳麻痺、足部之疾，容易骨折，也易脂肪肝、血管中風之疾、不良於行。

求貴人、方位

5為末碼者：貴人為屬牛的人，或姓名字根有丑、紐、牛、己、二的人，方位東北方為其貴人方。

1為末第二碼者：貴人為屬牛的人，或姓名字根有丑、紐、牛、己、二的人，方位東北為其貴人方。

車牌、門牌、身份證、手機後二碼 16

心態、個性、人際關係

6 為末碼者: 平易近人、沒有架子、不懂拒絕別人,是爛好人的一種。內心世界是多彩多姿的,懂得利用時間學習才藝,充實內在的生活,知道人生的去向,了解世界局勢,懂得累積能量,在必要時釋放出好的能量、磁場,給予團隊新的點子。

1 為末第二碼者: 像極了家裏的老大喜歡一肩挑起照顧弟妹的責任、犧牲、奉獻,勇於解決困難,上了舞台,就是舞台中的靈魂人物,操控全場,知道和台下的人事物結合成一體,使每一次的相處可達到圓滿而無憾。

論財庫、財祿方位

6 為尾數者: 財祿方位在正南之方位,在此方位放上有朝氣的盆栽或聚寶盆,有招財、守財的功能。配合在正北方或西南西方的地方放上雄赳赳氣昂昂的馬,有加速的功效。

論工作、事業

6為末碼者：平易近人、穩定性高，適合門市、內勤、人際關係之事業、服務業、宗教用品，也適合教化、教育工作者。

1為末第二碼者：適合創意、設計、發明、喜歡無中生有，對藝術相當的敏銳，可成為優秀的藝術家、廣告設計師，喜歡開創、動腦筋、發明。

論財運、機會

1為大樹，指標性人物，賺錢靠權貴、老字號及開創、行銷，越老字號，財賺的越多；做事有規劃、按步就班而得到財利，不喜歡受人約束，人際關係越好，錢賺的越多，也可用創意相關之行業而得到財利。

解讀婚姻、感情

末第二碼數字為1者，男女同論：1為開創、開發，喜歡受到依附，能無中生有，有創意、點子多，在感情上只要對方不主動表示沒有1不行，或是不覺得對方在依附時，就很容易胡思亂想、常常查勤。宜透過溝通，將內心的想法告訴對方，感情才能更美滿。

末一碼數字為 6 者:6 為平原、平易近人,得到很多的粉絲及追求者,但也常感情而陷入迷失當中,而無法自拔,雖然是被動,但不懂得拒絕,而產生糾纏;宜多聽從長輩的建議,會有更良好的結果。

論身體、疾病

6 為末碼者: 皮膚易長溼疹、青春痘、肌肉酸痛,喜歡吃白飯、喝熱湯,支氣管不佳。

1 為末第二碼者: 肝、膽功能差、火氣大、脊椎易受傷、手腳麻痺、足部之疾,容易骨折,也易脂肪肝、血管中風之疾、不良於行。

求貴人、方位

6 為末碼者: 貴人為屬鼠的人,或姓名字根有子、水、一的人,方位北方為其貴人方。

1 為末第二碼者:貴人為屬牛的人,或姓名字根有丑、紐、牛、己、二的人,方位東北為其貴人方。

車牌、門牌、身份證、手機後二碼 17

心態、個性、人際關係

7 為末碼者：有改革的氣魄，在金融界，可發揮長才，得用時，更可將事業版圖拓展到另一個層面、風行天下，創造未來，未來黃金十年，知道智慧財，比勞力財來的重要，所以會轉戰自己熟悉的領域。

1 為末第二碼者：像極了家裏的老大喜歡一肩挑起照顧弟妹的責任、犧牲、奉獻，勇於解決困難，上了舞台，就是舞台中的靈魂人物，操控全場，知道和台下的人事物結合成一體，使每一次的相處可達到圓滿而無憾。

論財庫、財祿方位

7 為尾數者：財祿方位在西南西之方位，在此方位放上有朝氣的盆栽或聚寶盆，有招財、守財的功能。配合在西南南方或東北北方的地方放上雄赳赳氣昂昂的馬，有加速的功效。

論工作、事業

7 為末碼者: 行動派，有如將軍作戰，主動積極、野心大，要就來大的，沒有大的就不想表現，但也易半途而廢，能獨當一面，到遠方開闢疆土，也為老闆、主管之格局有改革的魄力及決心，但也常一意孤行，而產生挫折。

1 為末第二碼者: 適合創意、設計、發明、喜歡無中生有，對藝術相當的敏銳，可成為優秀的藝術家、廣告設計師，喜歡開創、動腦筋、發明。

論財運、機會

1 為大樹，指標性人物，賺錢靠權貴、老字號及開創、行銷，越老字號，財賺的越多；做事有規劃、按步就班而得到財利，不喜歡受人約束，人際關係越好，錢賺的越多，也可用創意相關之行業而得到財利。

解讀婚姻、感情

末第一碼數字為 7 者: 對所愛之人，相當有責任感，會為對方改變直接、好勝的個性，雖是大男人、大女人，但遇到感情卻變得進退不果。

末第二碼數字為 1 者，男女同論: 1 為開創、開發，喜歡受到依附，能無中生有，有創意、點子多，在感情上只要對方不主

動表示沒有 1 不行，或是不覺得對方在依附時，就很容易胡思亂想、常常查勤。宜透過溝通，將內心的想法告訴對方，感情才能更美滿。

論身體、疾病

7 為末碼者： 7 為陽金，主動，易頭暈，為呼吸道、氣管之相關問題，有過敏性鼻炎及喉嚨騷癢，易咳嗽。

1 為末第二碼者： 肝、膽功能差、火氣大、脊椎易受傷、手腳麻痺、足部之疾，容易骨折，也易脂肪肝、血管中風之疾、不良於行。

求貴人、方位

7 為末碼者： 貴人為屬牛的人，或姓名字根有丑、紐、牛、己、二的人，方位東北方為其貴人方。

1 為末第二碼者： 貴人為屬牛的人，或姓名字根有丑、紐、牛、己、二的人，方位東北為其貴人方。

車牌、門牌、身份證、手機後二碼
18

心態、個性、人際關係

8為末碼者： 外表貴氣，無行動力，重感覺、愛幻想，力道不足，所以會像雲霧一樣膠著，所以8辛金之人碰到問題，就會往宗教裡去尋求解脫，和心靈層次的成長，在冥想、靜心當中，開啟智慧的寶庫。

1為末第二碼者： 像極了家裏的老大喜歡一肩挑起照顧弟妹的責任、犧牲、奉獻，勇於解決困難，上了舞台，就是舞台中的靈魂人物，操控全場，知道和台下的人事物結合成一體，使每一次的相處可達到圓滿而無憾。

論財庫、財祿方位

8為尾數者： 財祿方位在正西之方位，在此方位放上有朝氣的盆栽或聚寶盆，有招財、守財的功能。配合在正南方或東北東方的地方放上雄赳赳氣昂昂的馬，有加速的功效。

論工作、事業

8 為末碼者：人緣好、人際關係佳，有貴氣，適合金融業、珠寶買賣、古董家具、手工藝品、美容師、美髮師，以口為業，如美食、餐廳、小吃，業務性質、老師、補習班、仲介業、24小時便利商、人際關係之事業，也與宗教、心靈有關係。

1 為末第二碼者：適合創意、設計、發明、喜歡無中生有，對藝術相當的敏銳，可成為優秀的藝術家、廣告設計師，喜歡開創、動腦筋、發明。

論財運、機會

1 為大樹，指標性人物，賺錢靠權貴、老字號及開創、行銷，越老字號，財賺的越多；做事有規劃、按步就班而得到財利，不喜歡受人約束，人際關係越好，錢賺的越多，也可用創意相關之行業而得到財利。

解讀婚姻、感情

末一碼數字為 8 者：在意每次約會的氣氛、感覺，也在意對方的心態感受，但也因太在意感覺，而讓對方難以適應。記得：不要因王子病或公主病，而失去美好的感情。

末第二碼數字為 1 者，男女同論：1 為開創、開發，喜歡受到依附，能無中生有，有創意、點子多，在感情上只要對方不主

動表示沒有1不行，或是不覺得對方在依附時，就很容易胡思亂想、常常查勤。宜透過溝通，將內心的想法告訴對方，感情才能更美滿。

論身體、疾病

8為末碼者： 8為辛金、二氧化碳，食道發炎，主因胃酸過多引起腸胃之疾。

1為末第二碼者： 肝、膽功能差、火氣大、脊椎易受傷、手腳麻痺、足部之疾，容易骨折，也易脂肪肝、血管中風之疾、不良於行。

求貴人、方位

8為末碼者： 貴人為屬虎的人，或姓名字根有寅、木、虎、獻、虍、三的人，方位東北為其貴人方。

1為末第二碼者： 貴人為屬牛的人，或姓名字根有丑、紐、牛、己、二的人，方位東北為其貴人方。

車牌、門牌、身份證、手機後二碼 19

心態、個性、人際關係

9 為末碼者: 機巧、靈敏、動作敏捷、快速,是這個時代的產物,他勇於表現自己,推銷自己,善於掌握時機點,讓自己加分、得利。在這樣物質不缺的年代,有可能上台下台,只是一瞬間,變化太快了,沒有足夠的根基,很容易淘汰下來, 瞬間化為烏有。

1 為末第二碼者: 像極了家裏的老大喜歡一肩挑起照顧弟妹的責任、犧牲、奉獻,勇於解決困難,上了舞台,就是舞台中的靈魂人物,操控全場,知道和台下的人事物結合成一體,使每一次的相處可達到圓滿而無憾。

論財庫、財祿方位

9 為尾數者: 財祿方位在西北北之方位,在此方位放上有朝氣的盆栽或聚寶盆,有招財、守財的功能。配合在正東方或東南南方的地方放上雄赳赳氣昂昂的馬,有加速的功效。

論工作、事業

9 為末碼者: 主動積極、持續力強,很好的業務拓展人才,適合旅遊業、運輸業、進口貿易、喪葬禮儀,命理、五術、諮詢,保險業、土地開發、代書、八大行業,律師、老師、言論工作者,水療養生、演藝事業。

1 為末第二碼者: 適合創意、設計、發明、喜歡無中生有,對藝術相當的敏銳,可成為優秀的藝術家、廣告設計師,喜歡開創、動腦筋、發明。

論財運、機會

1 為大樹,指標性人物,賺錢靠權貴、老字號及開創、行銷,越老字號,財賺的越多;做事有規劃、按步就班而得到財利,不喜歡受人約束,人際關係越好,錢賺的越多,也可用創意相關之行業而得到財利。

解讀婚姻、感情

末一碼數字為 9 者,男女同論: 對喜歡的人,勇於追求表達心中的愛,能言善道,而擄獲對方的心,異性緣佳,對方會主動放低門檻,讓您得到機會;但遇到挫折,容易嫉妒、破壞,讓對方憶感壓力重重。宜改用祝福對方的方式,才能使您未來的緣份更深厚,更永固。

末第二碼數字為1者，男女同論： 1為開創、開發，喜歡受到依附，能無中生有，有創意、點子多，在感情上只要對方不主動表示沒有1不行，或是不覺得對方在依附時，就很容易胡思亂想、常常查勤。宜透過溝通，將內心的想法告訴對方，感情才能更美滿。

論身體、疾病

9為末碼者： 腦神經衰弱、睡不著、焦慮、易有幻覺、及內耳膜失衡。

1為末第二碼者： 肝、膽功能差、火氣大、脊椎易受傷、手腳麻痺、足部之疾，容易骨折，也易脂肪肝、血管中風之疾、不良於行。

求貴人、方位

9為末碼者： 貴人為屬兔的人，或姓名字根有卯、柳、卿、廾、乙、四的人，方位東方為其貴人方。

1為末第二碼者： 貴人為屬牛的人，或姓名字根有丑、紐、牛、己、二的人，方位東北為其貴人方。

車牌、門牌、身份證、手機後二碼 20

心態、個性、人際關係

0 為末碼者: 逆向思考,反向操作,學習學術,懂得天地之間、宇宙萬物陰陽交媾,合和為一之事,像隱藏在黑夜裡窺探的眼睛,了解冥冥之中,有一股力量在主宰著。

2 為末第二碼者: 懂得團結力量大,人脈必須靠經營,眼光獨到,嗅得出流行性的商機,瞬間看到流行的趨勢,看準了市場,搶它短期性的資金,然後調整策略,再將資金挪至其它的目標,重新再出發。

論財庫、財祿方位

0 為尾數者: 財祿方位在正北之方位,在此方位放上有朝氣的盆栽或聚寶盆,有招財、守財的功能。配合在東南南或正東方的地方放上雄赳赳氣昂昂的馬,有加速的功效。

論工作、事業

0 為末碼者: 人際、人緣佳,語文工作者、律師、談判專家、客服專員、人力仲介、汽車修護廠、保險業、資訊業、廣告設計、補給、物流,總機、冷飲、飲料、果汁、門市、百貨銷售、宗教、禮儀用品之行業。

2 為末第二碼者: 文書、企劃、祕書、助理、幕後管理、幕後之老闆、工廠製造、手工藝品、書畫,廣告、製作之行業。

論財運、機會

2 為乙木,可依附權貴而得財,腦筋動得快、有創意、多才多藝、點子多,以智慧而得取財物,夏天進財多,冬天財花費大,最好在秋冬時,添換傢俱,化解損財之象。

解讀婚姻、感情

末一碼數字為 0 者: 異性緣佳、佔有慾強,能為所愛的人付出一切,但發現對方不專情時,易有玉石俱焚的現象,在感情世界,忽晴忽雨,很難讓對方了解,也唯有真誠的對待、溝通,緣份才能長長久久。

末二碼數字為2的男子: 等待、被動、不敢表達隱藏在內心的愛，也不會主動爭取，屬於被動、等待，宜勇敢表達內心的愛，才能得到穩定的感情。

末第二碼為2的女人者: 因佔有慾強，常讓另一半有點壓力，喘不過氣，宜透過溝通，才能化解危機。

論身體、疾病

0為末碼者: 易幻想、幻聽、腦神經衰弱、睡不著、常作惡夢、口腔破、下巴易有疤痕。

2為末第二碼者: 2為乙陰木，主肝火大、肝臟之疾、脾氣溼寒，所以皮膚代謝差，易騷癢，也易有血管阻塞、中風之疾。

求貴人、方位

0為末碼者: 貴人為屬蛇的人，或姓名字根屬巳、虫、它、日、火、丙、六的人，方位東南方為其貴人方。

2為末第二碼者: 貴人為屬鼠的人，或姓名字根有子、水、一的人，方位北方為其貴人方。

車牌、門牌、身份證、手機後二碼 21

心態、個性、人際關係

1為末碼者: 老練、沉穩、顧家、體力、耐力都比一般人強，又具備了領導統馭的心性，為老闆的格局。知道在哪個點、線、面，要如何發揮自身的功能，可成為別人的貴人。

2為末第二碼者: 懂得團結力量大，人脈必須靠經營，眼光獨到，嗅得出流行性的商機，瞬間看到流行的趨勢，看準了市場，搶它短期性的資金，然後調整策略，再將資金挪至其它的目標，重新再出發。

論財庫、財祿方位

1為尾數者: 財祿方位在東北東之方位，在此方位放上有朝氣的盆栽或聚寶盆，有招財、守財的功能。配合在西南南方或東北北方的地方放上雄赳赳氣昂昂的馬，有加速的功效。

論工作、事業

1為末碼者: 為開創之格局、能無中生有，是一位主管、老闆之格局，是行動派、積極、有創意，也為導引性、流通性之行業。

作屬木、行銷之行業，如同順水推舟，事半功倍。

2為末第二碼者:文書、企劃、祕書、助理、幕後管理、幕後之老闆、工廠製造、手工藝品、書畫，廣告、製作之行業。

論財運、機會

2為乙木，可依附權貴而得財，腦筋動得快、有創意、多才多藝、點子多，以智慧而得取財物，夏天進財多，冬天財花費大，最好在秋冬時，添換傢俱，化解損財之象。

解讀婚姻、感情

末一碼數字為1的男子:主動積極、人緣好而引來桃花，非常得有異性緣，但由於1是指標性人物，老闆、王者之心態，覺得女朋友多可突顯自己的能力，而較無法讓女朋友或老婆有安全感。

1為開創、會無中生有，產生魅力，而成為異性追求的目標。

末一碼數字為1的女子:屬於職業婦女之型態，因1是主管、指標性人物，喜歡掌權，個性強勢，喜歡說了就算，容易與家人發生口角、衝突，所以感情易不順遂，在感情的抉擇上，不會優柔寡斷，不會主動表白心中的愛，一旦對方對自己不忠心，會立即做決定處理，六親緣薄，宜懂得以柔來剋剛，甜言蜜語，才能有更好的姻緣。

末二碼數字為2的男子: 等待、被動、不敢表達隱藏在內心的愛,也不會主動爭取,屬於被動、等待,宜勇敢表達內心的愛,才能得到穩定的感情。

末第二碼為2的女人者: 因佔有慾強,常讓另一半有點壓力,喘不過氣,宜透過溝通,才能化解危機。

論身體、疾病

1為末碼者: 易有手部之疾,手的循環及肩的循環差,肩骨酸痛。

2為末第二碼者: 2為乙陰木,主肝火大、肝臟之疾、脾氣溼寒,所以皮膚代謝差,易騷癢,也易有血管阻塞、中風之疾。

求貴人、方位

1為末碼者: 貴人為屬羊的人,或姓名字根屬朱、未、己、八、土者,方位西南方為其貴人方。

2為末第二碼者: 貴人為屬鼠的人,或姓名字根有子、水、一的人,方位北方為其貴人方。

車牌、門牌、身份證、手機後二碼
22

心態、個性、人際關係

2 為末碼者: 能借力使力的往上攀岩，又會暗中察言觀察，遇到困難會求助身旁的人，自我調適得宜，因為2乙木過不了冬天，遇寒氣重時，很容易受傷，所以必須緊攀著1甲木的樹幹往上爬。

2 為末第二碼者: 懂得團結力量大，人脈必須靠經營，眼光獨到，嗅得出流行性的商機，瞬間看到流行的趨勢，看準了市場，搶它短期性的資金，然後調整策略，再將資金挪至其它的目標，重新再出發。

論財庫、財祿方位

2 為尾數者: 財祿方位在正東之方位，在此方位放上有朝氣的盆栽或聚寶盆，有招財、守財的功能。配合在正北方或西南西方的地方放上雄赳赳氣昂昂的馬，有加速的功效。

論工作、事業

2 為末碼者： 為幕僚、企劃、扶佐、企業管理人才，適合招兵買馬、借力使力、人際關係、連鎖加盟之行業，及文化事業、出版、編輯、門市買賣之行業。

2 為末第二碼者： 文書、企劃、祕書、助理、幕後管理、幕後之老闆、工廠製造、手工藝品、書畫，廣告、製作之行業。

論財運、機會

2 為乙木，可依附權貴而得財，腦筋動得快、有創意、多才多藝、點子多，以智慧而得取財物，夏天進財多，冬天財花費大，最好在秋冬時，添換傢俱，化解損財之象。

解讀婚姻、感情

末一碼數字為 2 者： 對於所愛的人，會勇於表達主動追求，當目標追求不到時，也易死纏不放。男命佔有慾強，不容易滿足現況，也容易見風轉舵，常常不能了解另一半想些什麼，有溝通不良的現象。

女命會為另一半改變個性，屬嫁雞隨雞、嫁狗隨狗的心態、個性。

末二碼數字為 2 的男子: 等待、被動、不敢表達隱藏在內心的愛,也不會主動爭取,屬於被動、等待,宜勇敢表達內心的愛,才能得到穩定的感情。

末第二碼為 2 的女人者: 因佔有慾強,常讓另一半有點壓力,喘不過氣,宜透過溝通,才能化解危機。

論身體、疾病

2 為末碼者: 2 為後天之天機星,也主風,易有鼻病,風力不足時無法將血氣打到頭病,所以頭部缺氧而頭暈。

2 為末第二碼者: 2 為乙陰木,主肝火大、肝臟之疾、脾氣溼寒,所以皮膚代謝差,易騷癢,也易有血管阻塞、中風之疾。

求貴人、方位

2 為末碼者: 貴人為屬猴的人,或姓名字根屬申、紳、九的人,方位西南方為其貴人方。

2 為末第二碼者: 貴人為屬鼠的人,或姓名字根有子、水、一的人,方位北方為其貴人方。

車牌、門牌、身份證、手機後二碼 23

心態、個性、人際關係

3 為末碼者：是熱情的、感性的、主動、好客，也是躁動的，因為想幫助人，釋放出熱情的能量，所以他的一舉一動會容易引人注意，如政治人物、偶像團體…等，樂天知命，懂的化阻力為助力的人。

2 為末第二碼者：懂得團結力量大，人脈必須靠經營，眼光獨到，嗅得出流行性的商機，瞬間看到流行的趨勢，看準了市場，搶它短期性的資金，然後調整策略，再將資金挪至其它的目標，重新再出發。

論財庫、財祿方位

3 為尾數者：財祿方位在東南南之方位，在此方位放上有朝氣的盆栽或聚寶盆，有招財、守財的功能。配合在正西方的地方放上雄赳赳氣昂昂的馬，有加速的功效。

論工作、事業

3 為末碼者: 適合公眾之人物、知名人物、政治家、企業家、生產、開創、製造,能靠品牌行銷海外各地,名氣望,也易引來是非、訴訟、爭執,宜低調行事,才能避免不必要的是非。

2 為末第二碼者: 文書、企劃、祕書、助理、幕後管理、幕後之老闆、工廠製造、手工藝品、書畫,廣告、製作之行業。

論財運、機會

2 為乙木,可依附權貴而得財,腦筋動得快、有創意、多才多藝、點子多,以智慧而得取財物,夏天進財多,冬天財花費大,最好在秋冬時,添換傢俱,化解損財之象。

解讀婚姻、感情

末一碼為 3 的男命: 本身名聲、地位、知名度都很高,但一進入感情,就如同眼睛被雲霧遮住,只愛美人不愛江山,同時也希望公開得到眾人的祝福。

末一碼數字為 3 的女命: 會為感情付出一切,也會為愛來放棄一切,追求所愛,一旦進入婚姻,常常因另一半情緒起伏很大,忽晴忽雨,有時讓對方無法招架。

末二碼數字為 2 的男子: 等待、被動、不敢表達隱藏在內心的愛,也不會主動爭取,屬於被動、等待,宜勇敢表達內心的愛,才能得到穩定的感情。

末第二碼為 2 的女人者: 因佔有慾強,常讓另一半有點壓力,喘不過氣,宜透過溝通,才能化解危機。

論身體、疾病

3 為末碼者: 心火大、眼壓高,易有近視散光,也易得眼疾,額頭易有疤痕。

2 為末第二碼者: 2 為乙陰木,主肝火大、肝臟之疾、脾氣溼寒,所以皮膚代謝差,易騷癢,也易有血管阻塞、中風之疾。

求貴人、方位

3 為末碼者及末第二碼者: 貴人為屬雞的人,或姓名字根屬酉、佳、羽、辛、十的人,方位西方或東南方為其貴人方。

2 為末第二碼者: 貴人為屬鼠的人,或姓名字根有子、水、一的人,方位北方為其貴人方。

車牌、門牌、身份證、手機後二碼 24

心態、個性、人際關係

4 為末碼者: 對週遭環境的敏銳性、和變化度，是具有一般人沒有的張力與耐力，喜歡將自己隱藏在都市裡，過著上班族的生活方式，也能喜歡將內心的感受化為力量，轉化為效率。

2 為末第二碼者: 懂得團結力量大，人脈必須靠經營，眼光獨到，嗅得出流行性的商機，瞬間看到流行的趨勢，看準了市場，搶它短期性的資金，然後調整策略，再將資金挪至其它的目標，重新再出發。

論財庫、財祿方位

4 為尾數者: 財祿方位在正南之方位，在此方位放上有朝氣的盆栽或聚寶盆，有招財、守財的功能。配合在正西方或西北北方的地方放上雄赳赳氣昂昂的馬，有加速的功效。

論工作、事業

4 為末碼者:做事業常猶豫不決、優柔寡斷,沒有安全感,較無法有效開拓市場,但能守成,適合內部管理、內部主管之格局,行政管理,做事重視效率、結果,常用績效作為管理。

2 為末第二碼者:文書、企劃、祕書、助理、幕後管理、幕後之老闆、工廠製造、手工藝品、書畫,廣告、製作之行業。

論財運、機會

2 為乙木,可依附權貴而得財,腦筋動得快、有創意、多才多藝、點子多,以智慧而得取財物,夏天進財多,冬天財花費大,最好在秋冬時,添換傢俱,化解損財之象。

解讀婚姻、感情

末一碼數字為4者:多才多藝,而讓另一半著迷,不在意對方的穿著,只在意感覺,常以感覺來衡量愛的多少,當對方稍為有點冷淡時,就覺得對方不再愛他了。

男命:常讓另一半壓力重重,因為4自身對愛沒有安全感,而老是調查對方的行蹤,讓對方相當困擾。

女命: 常常為了愛情,而氣的流眼淚,因為對方在意的是事業,認為麵包比愛情更為重要。

末二碼數字為2的男子: 等待、被動、不敢表達隱藏在內心的愛,也不會主動爭取,屬於被動、等待,宜勇敢表達內心的愛,才能得到穩定的感情。

末第二碼為2的女人者: 因佔有慾強,常讓另一半有點壓力,喘不過氣,宜透過溝通,才能化解危機。

論身體、疾病

4為末碼者: 眼睛常佈滿血絲,常眼紅,視力不佳,火氣大、脾氣暴躁。

2為末第二碼者: 2為乙陰木,主肝火大、肝臟之疾、脾氣溼寒,所以皮膚代謝差,易騷癢,也易有血管阻塞、中風之疾。

求貴人、方位

4為末碼者: 貴人為屬豬的人,或姓名字根屬亥、家、毅、壬、九的人,方位西北方為其貴人方。

2為末第二碼者: 貴人為屬鼠的人,或姓名字根有子、水、一的人,方位北方為其貴人方。

車牌、門牌、身份證、手機後二碼
2 5

心態、個性、人際關係

5 為末碼者：喜愛孤獨、思想沈寂、被動式的和人互動，在職場上精明與幹練，與同事間也合作無間，喜愛日出而作，日落而息的生活方式，下班後，工作與生活是分開的，喜歡與大自然為伍，用心體會四季的變化與更迭，享受自己寧靜的生活，不被打擾，而能專心寫作，將才能透過著作展現。

2 為末第二碼者：懂得團結力量大，人脈必須靠經營，眼光獨到，嗅得出流行性的商機，瞬間看到流行的趨勢，看準了市場，搶它短期性的資金，然後調整策略，再將資金挪至其它的目標，重新再出發。

論財庫、財祿方位

5 為尾數者：財祿方位在東南南之方位，在此方位放上有朝氣的盆栽或聚寶盆，有招財、守財的功能。配合在東北北方或西南南方的地方放上雄赳赳氣昂昂的馬，有加速的功效。

論工作、事業

5 為末碼者: 高理想主義者,常深思熟慮,考慮過多,而失去一些機會,也常自我設限,工作不易變動,穩定性高。適合心靈導師、諮詢師、五術老師與宗教、神學有緣,能保有一技之長之工作性質,也能在土木建築上發揮專長,也適合固定性、穩定性軍警、公務之事業。

2 為末第二碼者: 文書、企劃、祕書、助理、幕後管理、幕後之老闆、工廠製造、手工藝品、書畫,廣告、出版業、製作之行業,一步一腳印創造事業江山。

論財運、機會

2 為乙木,可依附權貴而得財,腦筋動得快、有創意、多才多藝、點子多,以智慧而得取財物,求財無法有速成之功,財富靠累積而來,夏天進財多,冬天財花費大。

解讀婚姻、感情

末一碼數字為5者: 5 為高山、思想堅持己見、理性、不好溝通,對於所愛的人,不會主動展開追求,不會採取行動,只有等待,感覺不對,就會踩剎煞車,常讓對方覺得不浪漫、不懂得情趣。男命較無法了解另一半的想法,常受到配偶的報怨。女命者想要有穩定的感情。

末第二碼數字為 5 男命者: 有高理想、高標準,所以很難找到理想的對象,而且另一半也喜歡無拘無束的婚姻生活,所以要有完美的婚姻感情,婚前必須作好溝通,心理建設,才能白頭偕老。

末二碼數字為 2 的男子: 等待、被動、不敢表達隱藏在內心的愛,也不會主動爭取,屬於被動、等待,宜勇敢表達內心的愛,才能得到穩定的感情。

末第二碼為 2 的女人者: 佔有慾強,又捉不到對方的心思,常讓另一半有點壓力,宜透過溝通,才能化解危機。

論身體、疾病

5 為末碼者: 關節炎、頸椎,脖子易酸痛、五十肩、脊椎易側彎異位,皮膚乾燥也易長骨刺。

2 為末第二碼者: 2 為乙陰木,主肝火大、肝臟之疾、脾氣溼寒,所以皮膚代謝差,易騷癢,也易有血管阻塞、中風之疾。

求貴人、方位

5 為末碼者: 貴人為屬牛的人,或姓名字根有丑、紐、牛、己、二的人,方位東北方為其貴人方。

2 為末第二碼者: 貴人為屬鼠的人,或姓名字根有子、水、一的人,方位北方為其貴人方。

車牌、門牌、身份證、手機後二碼 26

心態、個性、人際關係

6為末碼者：平易近人、沒有架子、不懂拒絕別人，是爛好人的一種。內心世界是多彩多姿的，懂得利用時間學習才藝，充實內在的生活，知道人生的去向，了解世界局勢，懂得累積能量，在必要時釋放出好的能量、磁場，給予團隊新的點子。

2為末第二碼者：懂得團結力量大，人脈很會經營，眼光獨到，嗅得出流行性的商機，瞬間看到流行的趨勢，看準了市場，搶它短期性的資金，然後調整策略，再將資金挪至其它的目標，重新再出發，也是位理財高手。

論財庫、財祿方位

6為尾數者：財祿方位在正南之方位，在此方位放上有朝氣的盆栽或聚寶盆，有招財、守財的功能。配合在正北方或西南西方的地方放上雄赳赳氣昂昂的馬，有加速的功效。

論工作、事業

6 為末碼者：平易近人、穩定性高，適合門市、內勤、人際關係之事業、服務業、宗教用品，也適合教化、教育工作者。

2 為末第二碼者：文書、企劃、祕書、助理、幕後管理、幕後之老闆、工廠製造、手工藝品、書畫，廣告、製作之行業。

論財運、機會

2 為乙木，可依附權貴而得財，腦筋動得快、有創意、多才多藝、點子多，以智慧而得取財物，一生求財機會多，夏天進財多，冬天財花費大，最好在秋冬時，添換傢俱，化解損財之象。

解讀婚姻、感情

末一碼數字為 6 者：6 為平原、平易近人，得到很多的粉絲及追求者，但也常感情而陷入迷失當中，而無法自拔，雖然是被動，但不懂得拒絕，而產生糾纏；宜多聽從長輩的建議，會有更良好的結果。

末二碼數字為 2 的男子：等待、被動、不敢表達隱藏在內心的愛，也不會主動爭取，屬於被動、等待，宜勇敢表達內心的愛，

才能得到穩定的感情。

末第二碼爲2的女人者：因佔有慾強，常讓另一半有點壓力，喘不過氣，宜透過溝通，才能化解危機。

論身體、疾病

6爲末碼者：皮膚易長溼疹、青春痘、肌肉酸痛，喜歡吃白飯、喝熱湯，支氣管不佳。

2爲末第二碼者：2爲乙陰木，主肝火大、肝臟之疾、脾氣溼寒，所以皮膚代謝差，易騷癢，也易有血管阻塞、中風之疾。

求貴人、方位

6爲末碼者：貴人爲屬鼠的人，或姓名字根有子、水、一的人，方位北方爲其貴人方。

2爲末碼者：貴人爲屬猴的人，或姓名字根屬申、紳、九的人，方位西南方爲其貴人方。

車牌、門牌、身份證、手機後二碼 27

心態、個性、人際關係

7 為末碼者： 有改革的氣魄，在金融界，可發揮長才，得用時，更可將事業版圖拓展到另一個層面、風行天下，創造未來，未來黃金十年，知道智慧財，比勞力財來的重要，所以會轉戰自己熟悉的領域。

2 為末第二碼者： 懂得團結力量大，人脈必須靠經營，眼光獨到，嗅得出流行性的商機，瞬間看到流行的趨勢，看準了市場，搶它短期性的資金，然後調整策略，再將資金挪至其它的目標，重新再出發。

論財庫、財祿方位

7 為尾數者： 財祿方位在西南西之方位，在此方位放上有朝氣的盆栽或聚寶盆，有招財、守財的功能。配合在西南南方或東北北方的地方放上雄赳赳氣昂昂的馬，有加速的功效。

論工作、事業

7 為末碼者: 行動派，有如將軍作戰，主動積極、野心大，要就來大的，沒有大的就不想表現，但也易半途而廢，能獨當一面，到遠方開闢疆土，也為老闆、主管之格局有改革的魄力及決心，行事會聽從另一半的想法在做決定。

2 為末第二碼者: 文書、企劃、祕書、助理、幕後管理、幕後之老闆、工廠製造、手工藝品、書畫，廣告、製作之行業。

論財運、機會

2 為乙木，可依附權貴而得財，腦筋動得快、有創意、多才多藝、點子多，以智慧而得取財物，夏天進財多，冬天財花費大，最好在秋冬時，添換傢俱，化解損財之象。

解讀婚姻、感情

末第一碼數字為 7 者: 對所愛之人，相當有責任感，會為對方改變直接、好勝的個性，雖是大男人、大女人，但遇到感情卻變得進退不果。

末二碼數字為2的男子: 等待、被動、不敢表達隱藏在內心的愛，也不會主動爭取，屬於被動、等待，宜勇敢表達內心的愛，才能得到穩定的感情。

末第二碼為2的女人者: 雖然佔有慾強，但也會以另一半為主，於感情、事業上是雙雙得利的。

論身體、疾病

7為末碼者: 7為陽金，主動，易頭暈，為呼吸道、氣管之相關問題，有過敏性鼻炎及喉嚨騷癢，易咳嗽。

2為末第二碼者: 2為乙陰木，主肝火大、肝臟之疾、脾氣溼寒，所以皮膚代謝差，易騷癢，也易有血管阻塞、中風之疾，手指、筋骨易受傷。

求貴人、方位

7為末碼者: 貴人為屬牛的人，或姓名字根有丑、紐、牛、己、二的人，方位東北方為其貴人方。

2為末第二碼者: 貴人為屬鼠的人，或姓名字根有子、水、一的人，方位北方為其貴人方。

車牌、門牌、身份證、手機後二碼
28

心態、個性、人際關係

8為末碼者： 外表貴氣，無行動力，重感覺、愛幻想，力道不足，所以會像雲霧一樣膠著，所以8辛金之人碰到問題，就會往宗教裡去尋求解脫，和心靈層次的成長，在冥想、靜心當中，開啟智慧的寶庫，也因此而得財。

2為末第二碼者： 懂得團結力量大，人脈必須靠經營，眼光獨到，嗅得出流行性的商機，瞬間看到流行的趨勢，看準了市場，搶它短期性的資金，然後調整策略，再將資金挪至其它的目標，重新再出發。

論財庫、財祿方位

8為尾數者： 財祿方位在正西之方位，在此方位放上有朝氣的盆栽或聚寶盆，有招財、守財的功能。配合在正南方或東北東方的地方放上雄赳赳氣昂昂的馬，有加速的功效。

論工作、事業

8 為末碼者: 人緣好、人際關係佳,有貴氣,適合金融業、珠寶買賣、古董家具、手工藝品、美容師、美髮師,以口為業,如美食、餐廳、小吃,業務性質、老師、補習班、仲介業、24小時便利商、人際關係之事業,也與宗教、心靈有關係。

2 為末第二碼者: 文書、企劃、祕書、助理、幕後管理、幕後之老闆、工廠製造、手工藝品、書畫,廣告、製作之行業。

論財運、機會

2 為乙木,可依附權貴而得財,腦筋動得快、有創意、多才多藝、點子多,以智慧而得取財物,一生求財容易,夏天進財多,冬天財花費大,最好在秋冬時,添換傢俱,化解損財之象。

解讀婚姻、感情

末一碼數字為 8 者: 在意每次約會的氣氛、感覺,也在意對方的心態感受,但也因太在意感覺,而讓對方難以適應。記得:不要因王子病或公主病,而失去美好的感情。

末二碼數字為2的男子：等待、被動、不敢表達隱藏在內心的愛，也不會主動爭取，屬於被動、等待，宜勇敢表達內心的愛，才能得到穩定的感情。

末第二碼為2的女人者：因佔有慾強，常讓另一半有點壓力，喘不過氣，宜透過溝通，才能化解危機。

論身體、疾病

8為末碼者：8為辛金、二氧化碳，食道發炎，主因胃酸過多引起腸胃之疾。

2為末第二碼者：2為乙陰木，主肝火大、肝臟之疾、脾氣溼寒，所以皮膚代謝差，易騷癢，也易有血管阻塞、中風之疾。

求貴人、方位

8為末碼者：貴人為屬虎的人，或姓名字根有寅、木、虎、獻、虍、三的人，方位東北為其貴人方。

2為末碼者：貴人為屬猴的人，或姓名字根屬申、紳、九的人，方位西南方為其貴人方。

車牌、門牌、身份證、手機後二碼
2 9

心態、個性、人際關係

9 為末碼者: 機巧、靈敏、動作敏捷、快速,是這個時代的產物,他勇於表現自己,推銷自己,善於掌握時機點,讓自己加分、得利。在這樣物質不缺的年代,有可能上台下台,只是一瞬間,變化太快了,沒有足夠的根基,很容易淘汰下來,瞬間化為烏有,此數能快速融入團體。

2 為末第二碼者: 懂得團結力量大,人脈必須靠經營,眼光獨到,嗅得出流行性的商機,瞬間看到流行的趨勢,看準了市場,搶它短期性的資金,然後調整策略,再將資金挪至其它的目標,重新再出發。

論財庫、財祿方位

9 為尾數者: 財祿方位在西北北之方位,在此方位放上有朝氣的盆栽或聚寶盆,有招財、守財的功能。配合在正東方或東南南方的地方放上雄赳赳氣昂昂的馬,有加速的功效。

論工作、事業

9 為末碼者: 主動積極、持續力強,很好的業務拓展人才,適合旅遊業、運輸業、進口貿易、喪葬禮儀,命理、五術、諮詢,保險業、土地開發、代書、八大行業,律師、老師、言論工作者,水療養生、演藝事業,此數也適合養民與飲食有關之行業。

2 為末第二碼者: 文書、企劃、祕書、助理、幕後管理、幕後之老闆、工廠製造、手工藝品、書畫,廣告、製作之行業。

論財運、機會

2 為乙木,可依附權貴而得財,腦筋動得快、有創意、多才多藝、點子多,以智慧而得取財物,夏天進財多,冬天財花費大,最好在秋冬時,添換傢俱,化解損財之象。

解讀婚姻、感情

末一碼數字為 9 者,男女同論: 對喜歡的人,勇於追求表達心中的愛,能言善道,而擄獲對方的心,異性緣佳,對方會主動放低門檻,讓您得到機會;但遇到挫折,容易嫉妒、破壞,讓

對方憶感壓力重重。宜改用祝福對方的方式，才能使您未來的緣份更深厚，更永固。

末一碼數字為 9 男命者：有黏密的感情，但易沉溺在愛情的迷惘當中，也因有了愛，而有更亮麗的表現、成績。

末二碼數字為 2 的男子：等待、被動、不敢表達隱藏在內心的愛，也不會主動爭取，屬於被動、等待，宜勇敢表達內心的愛，才能得到穩定的感情。

末第二碼為 2 的女人者：因佔有慾強，常讓另一半有點壓力，喘不過氣，宜透過溝通，才能化解危機。

論身體、疾病

9 為末碼者：腦神經衰弱、睡不著、焦慮、易有幻覺、及內耳膜失衡。

2 為末第二碼者：2 為乙陰木，主肝火大、肝臟之疾、脾氣溼寒，所以皮膚代謝差，易騷癢，也易有血管阻塞、中風之疾。

求貴人、方位

9 為末碼者：貴人為屬兔的人，或姓名字根有卯、柳、卿、艹、乙、四的人，方位東方為其貴人方。

2 為末第二碼者：貴人為屬鼠的人，或姓名字根有子、水、一的人，方位北方為其貴人方。

車牌、門牌、身份證、手機後二碼 30

心態、個性、人際關係

0 為末碼者: 逆向思考,反向操作,學習學術,懂得天地之間、宇宙萬物陰陽交媾,合和為一之事,像隱藏在黑夜裡窺探的眼睛,了解冥冥之中,有一股力量在主宰著。

3 為末第二碼者: 適合做公益活動,關懷弱者,喜歡讓太陽火照射每一個角落。有了3火的能量,人才不致於憂鬱、晦暗,有火、有希望可以看清楚未來,不會渾渾噩噩的過日子,有火的人也較不受外在的牽制,會不按理出牌,火是五行裏,寶貴的能源、能量。

論財庫、財祿方位

0 為尾數者: 財祿方位在正北之方位,在此方位放上有朝氣的盆栽或聚寶盆,有招財、守財的功能。配合在東南南或正東方的地方放上雄赳赳氣昂昂的馬,有加速的功效。

論工作、事業

0 為末碼者:人際、人緣佳,語文工作者、律師、談判專家、客服專員、人力仲介、汽車修護廠、保險業、資訊業、廣告設計、補給、物流,總機、冷飲、飲料、果汁、門市、百貨銷售、宗教、禮儀用品之行業。

3 為末第二碼者:靠知名度、名望而得到事業,名氣遠播、名聲響亮,公關、名師,美術、美容、美的行業,能將知名度傳播開來,快速得財利。

論財運、機會

3 為有財無庫,財易露白,個性慷慨、阿沙力,有時因愛好面子而花費大;知名度高,品牌名聲響亮,賺錢容易,宜購買房地產保值守財。3 怕遇美人關,易因美色、感情而困擾,失去名望。

解讀婚姻、感情

末一碼數字為 0 者:異性緣佳、佔有慾強,能為所愛的人付出一切,但發現對方不專情時,易有玉石俱焚的現象,在感情世界,忽晴忽雨,很難讓對方了解,也唯有真誠的對待、溝通,緣份才能長長久久。

末第二碼為3者，男女同論: 熱情如火，常有一見鍾情的現象，容易沉迷於愛情當中，而無法自拔，對感情有潔癖，也喜歡另一半是主動熱情的。

論身體、疾病

0 為末碼者: 易幻想、幻聽、腦神經衰弱、睡不著、常作惡夢、口腔破、下巴易有疤痕。

3 為末第二碼者: 胃火大，胃酸過多、胃脹氣、易長瘜肉，便秘，腹胃大明顯，3為丙火，易有心血管之疾，心血脂肪過多而影響心臟之問題。

求貴人、方位

0 為末碼者: 貴人為屬蛇的人，或姓名字根屬巳、虫、它、日、火、丙、六的人，方位東南方為其貴人方。

3 為末碼者及末第二碼者: 貴人為屬雞的人，或姓名字根屬酉、佳、羽、辛、十的人，方位西方或東南方為其貴人方。

車牌、門牌、身份證、手機後二碼 31

心態、個性、人際關係

1 為末碼者: 老練、沉穩、顧家、體力、耐力都比一般人強，又具備了領導統禦的心性，為老闆的格局。知道在哪個點、線、面，要如何發揮自身的功能。

3 為末第二碼者: 適合做公益活動，關懷弱者，喜歡讓太陽火照射每一個角落。有了3火的能量，人才不致於憂鬱、晦暗，有火、有希望可以看清楚未來，不會渾渾噩噩的過日子，有火的人也較不受外在的牽制，會不按理出牌，火是五行裏，寶貴的能源、能量。

論財庫、財祿方位

1 為尾數者: 財祿方位在東北東之方位，在此方位放上有朝氣的盆栽或聚寶盆，有招財、守財的功能。配合在西南南方或東北北方的地方放上雄赳赳氣昂昂的馬，有加速的功效。

論工作、事業

1為末碼者:為開創之格局、能無中生有,是一位主管、老闆之格局,是行動派、積極、有創意,也為導引性、流通性之行業。作屬木、行銷之行業,如同順水推舟,事半功倍。

3為末第二碼者:靠知名度、名望而得到事業,名氣遠播、名聲響亮,公關、名師,美術、美容、美的行業,能將知名度傳播開來,快速得財利。

論財運、機會

3為有財無庫,財易露白,個性慷慨、阿沙力,有時因愛好面子而花費大;知名度高,品牌名聲響亮,賺錢容易,宜購買房地產保值守財。3怕遇美人關,易因美色、感情而困擾,失去名望。

解讀婚姻、感情

末一碼數字為1的男子:主動積極、人緣好而引來桃花,非常得有異性緣,但由於1是指標性人物,老闆、王者之心態,覺得女朋友多可突顯自己的能力,而較無法讓女朋友或老婆有安全感。

1為開創、會無中生有,產生魅力,而成為異性追求的目標。

末一碼數字為 1 的女子: 屬於職業婦女之型態,因 1 是主管、指標性人物,喜歡掌權,個性強勢,喜歡說了就算,容易與家人發生口角、衝突,所以感情易不順遂,在感情的抉擇上,不會優柔寡斷,不會主動表白心中的愛,一旦對方對自己不忠心,會立即做決定處理,六親緣薄,宜懂得以柔來剋剛,甜言蜜語,才能有更好的姻緣。

末第二碼為 3 者,男女同論: 熱情如火,常有一見鍾情的現象,容易沉迷於愛情當中,而無法自拔,對感情有潔癖,也喜歡另一半是主動熱情的。

論身體、疾病

1 為末碼者: 易有手部之疾,手的循環及肩的循環差,肩骨酸痛。

3 為末第二碼者: 胃火大,胃酸過多、胃脹氣、易長瘜肉,便秘,腹胃大明顯,3 為丙火,易有心血管之疾,心血脂肪過多而影響心臟之問題。

求貴人、方位

0 為末碼者: 貴人為屬蛇的人,或姓名字根屬巳、虫、它、日、火、丙、六的人,方位東南方為其貴人方。

3 為末碼者及末第二碼者: 貴人為屬雞的人,或姓名字根屬酉、佳、羽、辛、十的人,方位西方或東南方為其貴人方。

車牌、門牌、身份證、手機後二碼
3 2

心態、個性、人際關係

2 為末碼者: 能借力使力的往上攀岩,又會暗中察言觀察,遇到困難會求助身旁的人,自我調適得宜,因為 2 乙木過不了冬天,遇寒氣重時,很容易受傷,所以必須緊攀著 1 甲木的樹幹往上爬。

3 為末第二碼者: 適合做公益活動,關懷弱者,喜歡讓太陽火照射每一個角落。有了 3 火的能量,人才不致於憂鬱、晦暗,有火、有希望可以看清楚未來,不會渾渾噩噩的過日子,有火的人也較不受外在的牽制,會不按理出牌,火是五行裏,寶貴的能源、能量。

論財庫、財祿方位

2 為尾數者:財祿方位在正東之方位,在此方位放上有朝氣的盆栽或聚寶盆,有招財、守財的功能。配合在正北方或西南西方的地方放上雄赳赳氣昂昂的馬,有加速的功效。

論工作、事業

2 為末碼者: 為幕僚、企劃、扶佐、企業管理人才,適合招兵買馬、借力使力、人際關係、連鎖加盟之行業,及文化事業、出版、編輯、門市買賣之行業。

3 為末第二碼者: 靠知名度、名望而得到事業,名氣遠播、名聲響亮,公關、名師,美術、美容、美的行業,能將知名度傳播開來,快速得財利。

論財運、機會

3 為有財無庫,財易露白,個性慷慨、阿沙力,有時因愛好面子而花費大;知名度高,品牌名聲響亮,賺錢容易,宜購買房地產保值守財。3 怕遇美人關,易因美色、感情而困擾,失去名望。

解讀婚姻、感情

末一碼數字為 2 者: 對於所愛的人,會勇於表達主動追求,當目標追求不到時,也易死纏不放。男命佔有慾強,不容易滿足現況,也容易見風轉舵,常常不能了解另一半想些什麼,有溝通不良的現象。

女命會為另一半改變個性，屬嫁雞隨雞、嫁狗隨狗的心態、個性。

末第二碼為 3 者，男女同論：熱情如火，常有一見鍾情的現象，容易沉迷於愛情當中，而無法自拔，對感情有潔癖，也喜歡另一半是主動熱情的。

論身體、疾病

2 為末碼者： 2 為後天之天機星，也主風，易有鼻病，風力不足時無法將血氣打到頭病，所以頭部缺氧而頭暈。

3 為末第二碼者：胃火大，胃酸過多、胃脹氣、易長瘜肉，便秘，腹胃大明顯，3 為丙火，易有心血管之疾，心血脂肪過多而影響心臟之問題。

求貴人、方位

2 為末碼者： 貴人為屬猴的人，或姓名字根屬申、紳、九的人，方位西南方為其貴人方。

3 為末碼者及末第二碼者： 貴人為屬雞的人，或姓名字根屬酉、佳、羽、辛、十的人，方位西方或東南方為其貴人方。

車牌、門牌、身份證、手機後二碼 ３３

心態、個性、人際關係

3 為末碼者： 是熱情的、感性的、主動、好客,也是躁動的,因為想幫助人,釋放出熱情的能量,所以他的一舉一動會容易引人注意,如政治人物、偶像團體…等,樂天知命,懂的化阻力為助力的人,熱心、開朗。

3 為末第二碼者： 適合做公益活動,關懷弱者,喜歡讓太陽火照射每一個角落。有了３火的能量,人才不致於憂鬱、晦暗,有火、有希望可以看清楚未來,不會渾渾噩噩的過日子,有火的人也較不受外在的牽制,會不按理出牌,火是五行裏,寶貴的能源、能量,也較不會隱藏祕密。

論財庫、財祿方位

3 為尾數者： 財祿方位在東南南之方位,在此方位放上有朝氣的盆栽或聚寶盆,有招財、守財的功能。配合在正西方的地方放上雄赳赳氣昂昂的馬,有加速的功效。

論工作、事業

3為末碼者: 適合公眾之人物、知名人物、政治家、企業家、生產、開創、製造,能靠品牌行銷海外各地,名氣望,也易引來是非、訴訟、爭執,宜低調行事,才能避免不必要的是非。

3為末第二碼者: 靠知名度、名望而得到事業,名氣遠播、名聲響亮,公關、名師,美術、美容、美的行業,能將知名度傳播開來,快速得財利,也能因為誠信、負責而得財。

論財運、機會

3為有財無庫,財易露白,個性慷慨、阿沙力,有時因愛好面子而花費大;知名度高,品牌名聲響亮,賺錢容易,宜購買房地產保值守財。3怕遇美人關,易因美色、感情而困擾,失去名望。

解讀婚姻、感情

末一碼為3的男命: 本身名聲、地位、知名度都很高,但一進入感情,就如同眼睛被雲霧遮住,只愛美人不愛江山,同時也希望公開得到眾人的祝福。

末一碼數字為3的女命: 會為感情付出一切,也會為愛來放棄一切,追求所愛,一旦進入婚姻,常常因另一半情緒起伏很大,

忽晴忽雨，有時讓對方無法招架。

末第二碼為 3 者，男女同論: 熱情如火，常有一見鍾情的現象，容易沉迷於愛情當中，而無法自拔，對感情有潔癖，也喜歡另一半是主動熱情的。

論身體、疾病

3 為末碼者: 心火大、眼壓高，易有近視散光，也易得眼疾，額頭易有疤痕。

3 為末第二碼者: 胃火大，胃酸過多、胃脹氣、易長瘜肉，便秘，腹胃大明顯，3 為丙火，易有心血管之疾，心血脂肪過多而影響心臟之問題。

求貴人、方位

3 為末碼者及末第二碼者: 貴人為屬雞的人，或姓名字根屬酉、隹、羽、辛、十的人，方位西方或東南方為其貴人方。

車牌、門牌、身份證、手機後二碼
34

心態、個性、人際關係

4 為末碼者: 對週遭環境的敏銳性、和變化度,是具有一般人沒有的張力與耐力,喜歡將自己隱藏在都市裡,過著上班族的生活方式,也能喜歡將內心的感受化為力量,轉化為效率。

3 為末第二碼者: 適合做公益活動,關懷弱者,喜歡讓太陽火照射每一個角落。有了 3 火的能量,人才不致於憂鬱、晦暗,有火、有希望可以看清楚未來,不會渾渾噩噩的過日子,有火的人也較不受外在的牽制,會不按理出牌,火是五行裏,寶貴的能源、能量。

論財庫、財祿方位

4 為尾數者: 財祿方位在正南之方位,在此方位放上有朝氣的盆栽或聚寶盆,有招財、守財的功能。配合在正西方或西北北方的地方放上雄赳赳氣昂昂的馬,有加速的功效。

論工作、事業

4 為末碼者：做事業常猶豫不決、優柔寡斷，沒有安全感，較無法有效開拓市場，但能守成，適合內部管理、內部主管之格局，行政管理，做事重視效率、結果，常用績效作為管理。

3 為末第二碼者：靠知名度、名望而得到事業，名氣遠播、名聲響亮，公關、名師，美術、美容、美的行業，能將知名度傳播開來，快速得財利。

論財運、機會

3 為有財無庫，財易露白，個性慷慨、阿沙力，有時因愛好面子而花費大；知名度高，品牌名聲響亮，賺錢容易，宜購買房地產保值守財。3 怕遇美人關，易因美色、感情而困擾，失去名望。

解讀婚姻、感情

末一碼數字為 4 者：多才多藝，而讓另一半著迷，不在意對方的穿著，只在意感覺，常以感覺來衡量愛的多少，當對方稍為有點冷淡時，就覺得對方不再愛他了。

男命：常讓另一半壓力重重，因為 4 自身對愛沒有安全感，而老是調查對方的行蹤，讓對方相當困擾。

女命：常常為了愛情，而氣的流眼淚，因為對方在意的是事業，認為麵包比愛情更為重要。

末第二碼為 3 者，男女同論：熱情如火，常有一見鍾情的現象，容易沉迷於愛情當中，而無法自拔，對感情有潔癖，也喜歡另一半是主動熱情的。

論身體、疾病

4 為末碼者：眼睛常佈滿血絲，常眼紅，視力不佳，火氣大、脾氣暴躁。

3 為末第二碼者：胃火大，胃酸過多、胃脹氣、易長瘜肉，便秘，腹胃大明顯，3 為丙火，易有心血管之疾，心血脂肪過多而影響心臟之問題。

求貴人、方位

4 為末碼者：貴人為屬豬的人，或姓名字根屬亥、家、毅、壬、九的人，方位西北方為其貴人方。

3 為末碼者及末第二碼者：貴人為屬雞的人，或姓名字根屬酉、隹、羽、辛、十的人，方位西方或東南方為其貴人方。

車牌、門牌、身份證、手機後二碼 3 5

心態、個性、人際關係

5 為末碼者: 喜愛孤獨、思想沈寂、被動式的和人互動,在職場上精明與幹練,與同事間也合作無間,喜愛日出而作,日落而息的生活方式,下班後,工作與生活是分開的,喜歡與大自然為伍,用心體會四季的變化與更迭,享受自己寧靜的生活,不被打擾。

3 為末第二碼者: 適合做公益活動,關懷弱者,喜歡讓太陽火照射每一個角落。有了 3 火的能量,人才不致於憂鬱、晦暗,有火、有希望可以看清楚未來,不會渾渾噩噩的過日子,有火的人也較不受外在的牽制,會不按理出牌,火是五行裏,寶貴的能源、能量。

論財庫、財祿方位

5 為尾數者:財祿方位在東南南之方位,在此方位放上有朝氣的盆栽或聚寶盆,有招財、守財的功能。配合在東北北方或西南南方的地方放上雄赳赳氣昂昂的馬,有加速的功效。

論工作、事業

5 為末碼者: 常深思熟慮,考慮過多,而失去一些機會,也常自我設限,工作不易變動,穩定性高。適合心靈導師與宗教、神學有緣,能保有一技之長之工作性質,也能在土木建築上發揮專長,也適合固定性、穩定性軍警、公務之事業。

3 為末第二碼者: 靠知名度、名望而得到事業,名氣遠播、名聲響亮,公關、名師,美術、美容、美的行業,能將知名度傳播開來,快速得財利。

論財運、機會

3 為有財無庫,財易露白,個性慷慨、阿沙力,有時因愛好面子而花費大;知名度高,品牌名聲響亮,賺錢容易,宜購買房地產保值守財。3 怕遇美人關,易因美色、感情而困擾,失去名望。

解讀婚姻、感情

末一碼數字為 5 者: 5 為高山、思想堅持己見、理性、不好溝通,對於所愛的人,不會主動展開追求,不會採取行動,只有等待,感覺不對,就會踩剎煞車,常讓對方覺得不浪漫、不懂得情趣。男命較無法了解另一半的想法。女命者想要有穩定的感情。

末第二碼為３者，男女同論：熱情如火，常有一見鍾情的現象，容易沉迷於愛情當中，而無法自拔，對感情有潔癖，也喜歡另一半是主動熱情的。

論身體、疾病

5為末碼者： 關節炎、頸椎，脖子易酸痛、五十肩、脊椎易側彎異位，皮膚乾燥。

3為末第二碼者： 胃火大，胃酸過多、胃脹氣、易長瘜肉，便秘，腹胃大明顯，3為丙火，易有心血管之疾，心血脂肪過多而影響心臟之問題。

求貴人、方位

5為末碼者： 貴人為屬牛的人，或姓名字根有丑、紐、牛、己、二的人，方位東北方為其貴人方。

3為末碼者及末第二碼者： 貴人為屬雞的人，或姓名字根屬酉、佳、羽、辛、十的人，方位西方或東南方為其貴人方。

車牌、門牌、身份證、手機後二碼 3 6

心態、個性、人際關係

6 為末碼者： 平易近人、沒有架子、不懂拒絕別人，是爛好人的一種。內心世界是多彩多姿的，懂得利用時間學習才藝，充實內在的生活，知道人生的去向，了解世界局勢，懂得累積能量，在必要時釋放出好的能量、磁場，給予團隊新的點子。

3 為末第二碼者： 適合做公益活動，關懷弱者，喜歡讓太陽火照射每一個角落。有了 3 火的能量，人才不致於憂鬱、晦暗，有火、有希望可以看清楚未來，不會渾渾噩噩的過日子，有火的人也較不受外在的牽制，會不按理出牌，火是五行裏，寶貴的能源、能量。

論財庫、財祿方位

6 為尾數者： 財祿方位在正南之方位，在此方位放上有朝氣的盆栽或聚寶盆，有招財、守財的功能。配合在正北方或西南西方的地方放上雄赳赳氣昂昂的馬，有加速的功效。

147

論工作、事業

6 為末碼者:平易近人、穩定性高,適合門市、內勤、人際關係
之事業、服務業、宗教用品,也適合教化、教育工作者。

3 為末第二碼者:靠知名度、名望而得到事業,名氣遠播、名聲
響亮,公關、名師,美術、美容、美的行業,能將知名度傳播
開來,快速得財利。

論財運、機會

3 為有財無庫,財易露白,個性慷慨、阿沙力,有時因愛好面
子而花費大;知名度高,品牌名聲響亮,賺錢容易,宜購買房
地產保值守財。3 怕遇美人關,易因美色、感情而困擾,失去
名望。

解讀婚姻、感情

末一碼數字為 6 者:6 為平原、平易近人,得到很多的粉絲及追
求者,但也常感情而陷入迷失當中,而無法自拔,雖然是被動,
但不懂得拒絕,而產生糾纏;宜多聽從長輩的建議,會有更良
好的結果。

末第二碼為3者，男女同論：熱情如火，常有一見鍾情的現象，容易沉迷於愛情當中，而無法自拔，對感情有潔癖，也喜歡另一半是主動熱情的。

論身體、疾病

6為末碼者：皮膚易長溼疹、青春痘、肌肉酸痛，喜歡吃白飯、喝熱湯，支氣管不佳。

3為末第二碼者：胃火大，胃酸過多、胃脹氣、易長瘜肉，便秘，腹胃大明顯，3為丙火，易有心血管之疾，心血脂肪過多而影響心臟之問題。

求貴人、方位

6為末碼者：貴人為屬鼠的人，或姓名字根有子、水、一的人，方位北方為其貴人方。

3為末碼者及末第二碼者：貴人為屬雞的人，或姓名字根屬酉、佳、羽、辛、十的人，方位西方或東南方為其貴人方。

車牌、門牌、身份證、手機後二碼 37

心態、個性、人際關係

7 為末碼者： 有改革的氣魄，在金融界，可發揮長才，得用時，更可將事業版圖拓展到另一個層面、風行天下，創造未來，未來黃金十年，知道智慧財，比勞力財來的重要，所以會轉戰自己熟悉的領域。

3 為末第二碼者： 適合做公益活動，關懷弱者，喜歡讓太陽火照射每一個角落。有了 3 火的能量，人才不致於憂鬱、晦暗，有火、有希望可以看清楚未來，不會渾渾噩噩的過日子，有火的人也較不受外在的牽制，會不按理出牌，火是五行裏，寶貴的能源、能量。

論財庫、財祿方位

7 為尾數者： 財祿方位在西南西之方位，在此方位放上有朝氣的盆栽或聚寶盆，有招財、守財的功能。配合在西南南方或東北北方的地方放上雄赳赳氣昂昂的馬，有加速的功效。

論工作、事業

7 為末碼者:行動派,有如將軍作戰,主動積極、野心大,要就來大的,沒有大的就不想表現,但也易半途而廢,能獨當一面,到遠方開闢疆土,也為老闆、主管之格局有改革的魄力及決心,但也常一意孤行,而產生挫折。

3 為末第二碼者:靠知名度、名望而得到事業,名氣遠播、名聲響亮,公關、名師,美術、美容、美的行業,能將知名度傳播開來,快速得財利。

論財運、機會

3 為有財無庫,財易露白,個性慷慨、阿沙力,有時因愛好面子而花費大;知名度高,品牌名聲響亮,賺錢容易,宜購買房地產保值守財。3 怕遇美人關,易因美色、感情而困擾,失去名望。

解讀婚姻、感情

末第一碼數字為 7 者:對所愛之人,相當有責任感,會為對方改變直接、好勝的個性,雖是大男人、大女人,但遇到感情卻變得進退不果。

末第二碼為 3 者，男女同論：熱情如火，常有一見鍾情的現象，容易沉迷於愛情當中，而無法自拔，對感情有潔癖，也喜歡另一半是主動熱情的。

論身體、疾病

7 為末碼者： 7 為陽金，主動，易頭暈，為呼吸道、氣管之相關問題，有過敏性鼻炎及喉嚨騷癢，易咳嗽。

3 為末第二碼者： 胃火大，胃酸過多、胃脹氣、易長瘜肉，便秘，腹胃大明顯，3 為丙火，易有心血管之疾，心血脂肪過多而影響心臟之問題。

求貴人、方位

7 為末碼者： 貴人為屬牛的人，或姓名字根有丑、紐、牛、己、二的人，方位東北方為其貴人方。

3 為末碼者及末第二碼者： 貴人為屬雞的人，或姓名字根屬酉、隹、羽、辛、十的人，方位西方或東南方為其貴人方。

車牌、門牌、身份證、手機後二碼 38

心態、個性、人際關係

8 為末碼者：外表貴氣，無行動力，重感覺、愛幻想，力道不足，所以會像雲霧一樣膠著，所以8辛金之人碰到問題，就會往宗教裡去尋求解脫，和心靈層次的成長，在冥想、靜心當中，開啟智慧的寶庫。

3 為末第二碼者：適合做公益活動，關懷弱者，喜歡讓太陽火照射每一個角落。有了3火的能量，人才不致於憂鬱、晦暗，有火、有希望可以看清楚未來，不會渾渾噩噩的過日子，有火的人也較不受外在的牽制，會不按理出牌，火是五行裏，寶貴的能源、能量。

論財庫、財祿方位

8 為尾數者：財祿方位在正西之方位，在此方位放上有朝氣的盆栽或聚寶盆，有招財、守財的功能。配合在正南方或東北東方的地方放上雄赳赳氣昂昂的馬，有加速的功效。

論工作、事業

8 為末碼者: 人緣好、人際關係佳,有貴氣,適合金融業、珠寶買賣、古董家具、手工藝品、美容師、美髮師,以口為業,如美食、餐廳、小吃,業務性質、老師、補習班、仲介業、24小時便利商、人際關係之事業,也與宗教、心靈有關係。

3 為末第二碼者: 靠知名度、名望而得到事業,名氣遠播、名聲響亮,公關、名師,美術、美容、美的行業,能將知名度傳播開來,快速得財利。

論財運、機會

3 為有財無庫,財易露白,個性慷慨、阿沙力,有時因愛好面子而花費大;知名度高,品牌名聲響亮,賺錢容易,宜購買房地產保值守財。3 怕遇美人關,易因美色、感情而困擾,失去名望。

解讀婚姻、感情

末一碼數字為 8 者: 在意每次約會的氣氛、感覺,也在意對方的心態感受,但也因太在意感覺,而讓對方難以適應。記得:不要因王子病或公主病,而失去美好的感情。

末第二碼為3者，男女同論: 熱情如火，常有一見鍾情的現象，容易沉迷於愛情當中，而無法自拔，對感情有潔癖，也喜歡另一半是主動熱情的。

論身體、疾病

8為末碼者: 8為辛金、二氧化碳，食道發炎，主因胃酸過多引起腸胃之疾。

3為末第二碼者: 胃火大，胃酸過多、胃脹氣、易長瘜肉，便秘，腹胃大明顯，3為丙火，易有心血管之疾，心血脂肪過多而影響心臟之問題。

求貴人、方位

8為末碼者: 貴人為屬虎的人，或姓名字根有寅、木、虎、獻、虍、三的人，方位東北為其貴人方。

3為末碼者及末第二碼者: 貴人為屬雞的人，或姓名字根屬酉、隹、羽、辛、十的人，方位西方或東南方為其貴人方。

車牌、門牌、身份證、手機後二碼 39

心態、個性、人際關係

9 為末碼者: 機巧、靈敏、動作敏捷、快速,是這個時代的產物,他勇於表現自己,推銷自己,善於掌握時機點,讓自己加分、得利。在這樣物質不缺的年代,有可能上台下台,只是一瞬間,變化太快了,沒有足夠的根基,很容易淘汰下來, 瞬間化為烏有。

3 為末第二碼者: 適合做公益活動,關懷弱者,喜歡讓太陽火照射每一個角落。有了 3 火的能量,人才不致於憂鬱、晦暗,有火、有希望可以看清楚未來,不會渾渾噩噩的過日子,有火的人也較不受外在的牽制,會不按理出牌,火是五行裏,寶貴的能源、能量。

論財庫、財祿方位

9 為尾數者:財祿方位在西北北之方位,在此方位放上有朝氣的盆栽或聚寶盆,有招財、守財的功能。配合在正東方或東南南方的地方放上雄赳赳氣昂昂的馬,有加速的功效。

論工作、事業

9 為末碼者: 主動積極、持續力強,很好的業務拓展人才,適合旅遊業、運輸業、進口貿易、喪葬禮儀,命理、五術、諮詢,保險業、土地開發、代書、八大行業,律師、老師、言論工作者,水療養生、演藝事業。

3 為末第二碼者: 靠知名度、名望而得到事業,名氣遠播、名聲響亮,公關、名師,美術、美容、美的行業,能將知名度傳播開來,快速得財利。

論財運、機會

3 為有財無庫,財易露白,個性慷慨、阿沙力,有時因愛好面子而花費大;知名度高,品牌名聲響亮,賺錢容易,宜購買房地產保值守財。3 怕遇美人關,易因美色、感情而困擾,失去名望。

解讀婚姻、感情

末一碼數字為 9 者,男女同論: 對喜歡的人,勇於追求表達心中的愛,能言善道,而擄獲對方的心,異性緣佳,對方會主動放低門檻,讓您得到機會;但遇到挫折,容易嫉妒、破壞,讓對方備感壓力重重。宜改用祝福對方的方式,才能使您未來的緣份更深厚,更永固。

末第二碼為３者，男女同論:熱情如火，常有一見鍾情的現象，容易沉迷於愛情當中，而無法自拔，對感情有潔癖，也喜歡另一半是主動熱情的。

論身體、疾病

9為末碼者: 腦神經衰弱、睡不著、焦慮、易有幻覺、及內耳膜失衡。

3為末第二碼者: 胃火大，胃酸過多、胃脹氣、易長瘜肉，便秘，腹胃大明顯，３為丙火，易有心血管之疾，心血脂肪過多而影響心臟之問題。

求貴人、方位

9為末碼者:貴人為屬兔的人，或姓名字根有卯、柳、卿、艹、乙、四的人，方位東方為其貴人方。

3為末碼者及末第二碼者: 貴人為屬雞的人，或姓名字根屬酉、隹、羽、辛、十的人，方位西方或東南方為其貴人方。

車牌、門牌、身份證、手機後二碼
40

心態、個性、人際關係

0 為末碼者: 逆向思考,反向操作,學習學術,懂得天地之間、宇宙萬物陰陽交媾,合和為一之事,像隱藏在黑夜裡窺探的眼睛,了解冥冥之中,有一股力量在主宰著。

4 為末第二碼者: 很容易碰到祖靈、香火牌位的問題,每隔幾年,要檢視祖墳或香火牌位,祖先忌日時要虔誠的祭祀禮拜,讓祖先在另一個無形的空間,魂魄得以安寧,者可保祐平安順利。

論財庫、財祿方位

0 為尾數者:財祿方位在正北之方位,在此方位放上有朝氣的盆栽或聚寶盆,有招財、守財的功能。配合在東南南或正東方的地方放上雄赳赳氣昂昂的馬,有加速的功效。

論工作、事業

0 為末碼者: 人際、人緣佳,語文工作者、律師、談判專家、客服專員、人力仲介、汽車修護廠、保險業、資訊業、廣告設計、補給、物流,總機、冷飲、飲料、果汁、門市、百貨銷售、宗教、禮儀用品之行業。

4 為末第二碼者: 不適合遠方求財,適合臨近地區的開拓,因為考慮太多,有時常失去機會,所以對企劃、設計、研發有特殊的專業,要求完美主義者。

論財運、機會

4 為有財有庫,懂得理財,個性保守沒安全感,較不會因被朋友借財而損財,懂得打理錢財之應用,有時容易變為守奴財,也靠績效創造很多的財利。

解讀婚姻、感情

末一碼數字為 0 者: 異性緣佳、佔有慾強,能為所愛的人付出一切,但發現對方不專情時,易有玉石俱焚的現象,在感情世界,忽晴忽雨,很難讓對方了解,也唯有真誠的對待、溝通,緣份才能長長久久。

末第二碼數字為 4 者:滿懷熱情,但卻無法自在的表達,欲言又止,對於事業滿身熱血,對於愛情卻是結巴不自在,只能說,愛在心裡口難開吧!

論身體、疾病

0 為末碼者: 易幻想、幻聽、腦神經衰弱、睡不著、常作惡夢、口腔破、下巴易有疤痕。

4 為末第二碼者: 微血管突出,易得心臟病、心血管循環系統差、口乾舌燥。

求貴人、方位

0 為末碼者: 貴人為屬蛇的人,或姓名字根屬巳、虫、它、日、火、丙、六的人,方位東南方為其貴人方。

4 為末第二碼者:貴人為屬雞的人,或姓名字根有酉、隹、羽、辛、十的人,方位西方為其貴人方。

車牌、門牌、身份證、手機後二碼 41

心態、個性、人際關係

1為末碼者: 老練、沉穩、顧家、體力、耐力都比一般人強，又具備了領導統馭的心性，為老闆的格局。知道在哪個點、線、面，要如何發揮自身的功能。

4為末第二碼者: 很容易碰到祖靈、香火牌位的問題，每隔幾年，要檢視祖墳或香火牌位，祖先忌日時要虔誠的祭祀禮拜，讓祖先在另一個無形的空間，魂魄得以安寧，者可保祐平安順利。

論財庫、財祿方位

1為尾數者: 財祿方位在東北東之方位，在此方位放上有朝氣的盆栽或聚寶盆，有招財、守財的功能。配合在西南南方或東北北方的地方放上雄赳赳氣昂昂的馬，有加速的功效。

論工作、事業

1 為末碼者: 為開創之格局、能無中生有,是一位主管、老闆之格局,是行動派、積極、有創意,也為導引性、流通性之行業。作屬木、行銷之行業,如同順水推舟,事半功倍。

4 為末第二碼者: 不適合遠方求財,適合臨近地區的開拓,因為考慮太多,有時常失去機會,所以對企劃、設計、研發有特殊的專業,要求完美主義者。

論財運、機會

4 為有財有庫,懂得理財,個性保守沒安全感,較不會因被朋友借財而損財,懂得打理錢財之應用,有時容易變為守奴財,也靠績效創造很多的財利。

解讀婚姻、感情

末一碼數字為 1 的男子: 主動積極、人緣好而引來桃花,非常得有異性緣,但由於 1 是指標性人物,老闆、王者之心態,覺得女朋友多可突顯自己的能力,而較無法讓女朋友或老婆有安全感。

1 為開創、會無中生有,產生魅力,而成為異性追求的目標。

末一碼數字為1的女子：屬於職業婦女之型態，因1是主管、指標性人物，喜歡掌權，個性強勢，喜歡說了就算，容易與家人發生口角、衝突，所以感情易不順遂，在感情的抉擇上，不會優柔寡斷，不會主動表白心中的愛，一旦對方對自己不忠心，會立即做決定處理，六親緣薄，宜懂得以柔來剋剛，甜言蜜語，才能有更好的姻緣。

末第二碼數字為4者：滿懷熱情，但卻無法自在的表達，欲言又止，對於事業滿身熱血，對於愛情卻是結巴不自在，只能說，愛在心裡口難開吧！

論身體、疾病

1為末碼者：易有手部之疾，手的循環及肩的循環差，肩骨酸痛。

4為末第二碼者：微血管突出，易得心臟病、心血管循環系統差、口乾舌燥。

求貴人、方位

1為末碼者：貴人為屬羊的人，或姓名字根屬朱、未、己、八、土者，方位西南方為其貴人方。

4為末第二碼者：貴人為屬雞的人，或姓名字根有酉、隹、羽、辛、十的人，方位西方為其貴人方。

車牌、門牌、身份證、手機後二碼 42

心態、個性、人際關係

2 為末碼者： 能借力使力的往上攀岩，又會暗中察言觀察，遇到困難會求助身旁的人，自我調適得宜，因為 2 乙木過不了冬天，遇寒氣重時，很容易受傷，所以必須緊攀著 1 甲木的樹幹往上爬。

4 為末第二碼者： 很容易碰到祖靈、香火牌位的問題，每隔幾年，要檢視祖墳或香火牌位，祖先忌日時要虔誠的祭祀禮拜，讓祖先在另一個無形的空間，魂魄得以安寧，者可保祐平安順利。

論財庫、財祿方位

2 為尾數者： 財祿方位在正東之方位，在此方位放上有朝氣的盆栽或聚寶盆，有招財、守財的功能。配合在正北方或西南西方的地方放上雄赳赳氣昂昂的馬，有加速的功效。

論工作、事業

2 為末碼者： 為幕僚、企劃、扶佐、企業管理人才，適合招兵買馬、借力使力、人際關係、連鎖加盟之行業，及文化事業、出版、編輯、門市買賣之行業。

4 為末第二碼者： 不適合遠方求財，適合臨近地區的開拓，因為考慮太多，有時常失去機會，所以對企劃、設計、研發有特殊的專業，要求完美主義者。

論財運、機會

4 為有財有庫，懂得理財，個性保守沒安全感，較不會因被朋友借財而損財，懂得打理錢財之應用，有時容易變為守奴財，也靠績效創造很多的財利。

解讀婚姻、感情

末一碼數字為 2 者： 對於所愛的人，會勇於表達主動追求，當目標追求不到時，也易死纏不放。男命佔有慾強，不容易滿足現況，也容易見風轉舵，常常不能了解另一半想些什麼，有溝通不良的現象。

女命會為另一半改變個性，屬嫁雞隨雞、嫁狗隨狗的心態、個性。

末第二碼數字為 4 者：滿懷熱情，但卻無法自在的表達，欲言又止，對於事業滿身熱血，對於愛情卻是結巴不自在，只能說，愛在心裡口難開吧！

論身體、疾病

2 為末碼者：2 為後天之天機星，也主風，易有鼻病，風力不足時無法將血氣打到頭病，所以頭部缺氧而頭暈。

4 為末第二碼者：微血管突出，易得心臟病、心血管循環系統差、口乾舌燥。

求貴人、方位

2 為末碼者：貴人為屬猴的人，或姓名字根屬申、紳、九的人，方位西南方為其貴人方。

4 為末第二碼者：貴人為屬雞的人，或姓名字根有西、隹、羽、辛、十的人，方位西方為其貴人方。

車牌、門牌、身份證、手機後二碼 43

心態、個性、人際關係

3為末碼者: 是熱情的、感性的、主動、好客,也是躁動的,因為想幫助人,釋放出熱情的能量,所以他的一舉一動會容易引人注意,如政治人物、偶像團體…等,樂天知命,懂的化阻力為助力的人。

4為末第二碼者: 很容易碰到祖靈、香火牌位的問題,每隔幾年,要檢視祖墳或香火牌位,祖先忌日時要虔誠的祭祀禮拜,讓祖先在另一個無形的空間,魂魄得以安寧,者可保祐平安順利。

論財庫、財祿方位

3為尾數者:財祿方位在東南南之方位,在此方位放上有朝氣的盆栽或聚寶盆,有招財、守財的功能。配合在正西方的地方放上雄赳赳氣昂昂的馬,有加速的功效。

論工作、事業

3 為末碼者: 適合公眾之人物、知名人物、政治家、企業家、生產、開創、製造,能靠品牌行銷海外各地,名氣望,也易引來是非、訴訟、爭執,宜低調行事,才能避免不必要的是非。

4 為末第二碼者: 不適合遠方求財,適合臨近地區的開拓,因為考慮太多,有時常失去機會,所以對企劃、設計、研發有特殊的專業,要求完美主義者。

論財運、機會

4 為有財有庫,懂得理財,個性保守沒安全感,較不會因被朋友借財而損財,懂得打理錢財之應用,有時容易變為守奴財,也靠績效創造很多的財利。

解讀婚姻、感情

末一碼為 3 的男命: 本身名聲、地位、知名度都很高,但一進入感情,就如同眼睛被雲霧遮住,只愛美人不愛江山,同時也希望公開得到眾人的祝福。

末一碼數字為3的女命：會為感情付出一切，也會為愛來放棄一切，追求所愛，一旦進入婚姻，常常因另一半情緒起伏很大，忽晴忽雨，有時讓對方無法招架。

末第二碼數字為4者：滿懷熱情，但卻無法自在的表達，欲言又止，對於事業滿身熱血，對於愛情卻是結巴不自在，只能說，愛在心裡口難開吧！

論身體、疾病

3為末碼者：心火大、眼壓高，易有近視散光，也易得眼疾，額頭易有疤痕。

4為末第二碼者：微血管突出，易得心臟病、心血管循環系統差、口乾舌燥。

求貴人、方位

3為末碼者及末第二碼者：貴人為屬雞的人，或姓名字根屬酉、隹、羽、辛、十的人，方位西方或東南方為其貴人方。

4為末第二碼者：貴人為屬雞的人，或姓名字根有酉、隹、羽、辛、十的人，方位西方為其貴人方。

車牌、門牌、身份證、手機後二碼
44

心態、個性、人際關係

4 為末碼者：對週遭環境的敏銳性、和變化度，是具有一般人沒有的張力與耐力，喜歡將自己隱藏在都市裡，過著上班族的生活方式，也能喜歡將內心的感受化為力量，轉化為效率。

4 為末第二碼者：很容易碰到祖靈、香火牌位的問題，每隔幾年，要檢視祖墳或香火牌位，祖先忌日時要虔誠的祭祀禮拜，讓祖先在另一個無形的空間，魂魄得以安寧，者可保祐平安順利。

論財庫、財祿方位

4 為尾數者：財祿方位在正南之方位，在此方位放上有朝氣的盆栽或聚寶盆，有招財、守財的功能。配合在正西方或西北北方的地方放上雄赳赳氣昂昂的馬，有加速的功效。

論工作、事業

4 為末碼者: 做事業常猶豫不決、優柔寡斷,沒有安全感,較無法有效開拓市場,但能守成,適合內部管理、內部主管之格局,行政管理,做事重視效率、結果,常用績效作為管理。

4 為末第二碼者: 不適合遠方求財,適合臨近地區的開拓,因為考慮太多,有時常失去機會,所以對企劃、設計、研發有特殊的專業,要求完美主義者。

論財運、機會

4 為有財有庫,懂得理財,個性保守沒安全感,較不會因被朋友借財而損財,懂得打理錢財之應用,有時容易變為守奴財,也靠績效創造很多的財利。

解讀婚姻、感情

末一碼數字為 4 者: 多才多藝,而讓另一半著迷,不在意對方的穿著,只在意感覺,常以感覺來衡量愛的多少,當對方稍為有點冷淡時,就覺得對方不再愛他了。

男命: 常讓另一半壓力重重,因為 4 自身對愛沒有安全感,而老是調查對方的行蹤,讓對方相當困擾。

女命: 常常為了愛情，而氣的流眼淚，因為對方在意的是事業，認為麵包比愛情更為重要。

末第二碼數字為 4 者: 滿懷熱情，但卻無法自在的表達，欲言又止，對於事業滿身熱血，對於愛情卻是結巴不自在，只能說，愛在心裡口難開吧！

論身體、疾病

4 為末碼者: 眼睛常佈滿血絲，常眼紅，視力不佳，火氣大、脾氣暴躁。

4 為末第二碼者: 微血管突出，易得心臟病、心血管循環系統差、口乾舌燥。

求貴人、方位

4 為末碼者: 貴人為屬豬的人，或姓名字根屬亥、家、毅、壬、九的人，方位西北方為其貴人方。

4 為末第二碼者: 貴人為屬雞的人，或姓名字根有酉、佳、羽、辛、十的人，方位西方為其貴人方。

車牌、門牌、身份證、手機後二碼 45

心態、個性、人際關係

5 為末碼者：喜愛孤獨、思想沈寂、被動式的和人互動，在職場上精明與幹練，與同事間也合作無間，喜愛日出而作，日落而息的生活方式，下班後，工作與生活是分開的，喜歡與大自然為伍，用心體會四季的變化與更迭，享受自己寧靜的生活，不被打擾。

4 為末第二碼者：很容易碰到祖靈、香火牌位的問題，每隔幾年，要檢視祖墳或香火牌位，祖先忌日時要虔誠的祭祀禮拜，讓祖先在另一個無形的空間，魂魄得以安寧，者可保祐平安順利。

論財庫、財祿方位

5 為尾數者：財祿方位在東南南之方位，在此方位放上有朝氣的盆栽或聚寶盆，有招財、守財的功能。配合在東北北方或西南南方的地方放上雄赳赳氣昂昂的馬，有加速的功效。

論工作、事業

5 為末碼者: 常深思熟慮,考慮過多,而失去一些機會,也常自我設限,工作不易變動,穩定性高。適合心靈導師與宗教、神學有緣,能保有一技之長之工作性質,也能在土木建築上發揮專長,也適合固定性、穩定性軍警、公務之事業。

4 為末第二碼者: 不適合遠方求財,適合臨近地區的開拓,因為考慮太多,有時常失去機會,所以對企劃、設計、研發有特殊的專業,要求完美主義者。

論財運、機會

4 為有財有庫,懂得理財,個性保守沒安全感,較不會因被朋友借財而損財,懂得打理錢財之應用,有時容易變為守奴財,也靠績效創造很多的財利。

解讀婚姻、感情

末一碼數字為5者: 5 為高山、思想堅持己見、理性、不好溝通,對於所愛的人,不會主動展開追求,不會採取行動,只有等待,感覺不對,就會踩剎煞車,常讓對方覺得不浪漫、不懂

得情趣。男命較無法了解另一半的想法。女命者想要有穩定的感情。

末第二碼數字為 4 者: 滿懷熱情,但卻無法自在的表達,欲言又止,對於事業滿身熱血,對於愛情卻是結巴不自在,只能說,愛在心裡口難開吧!

論身體、疾病

5 為末碼者: 關節炎、頸椎,脖子易酸痛、五十肩、脊椎易側彎異位,皮膚乾燥。

4 為末第二碼者: 微血管突出,易得心臟病、心血管循環系統差、口乾舌燥。

求貴人、方位

5 為末碼者: 貴人為屬牛的人,或姓名字根有丑、紐、牛、己、二的人,方位東北方為其貴人方。

4 為末第二碼者: 貴人為屬雞的人,或姓名字根有酉、隹、羽、辛、十的人,方位西方為其貴人方。

車牌、門牌、身份證、手機後二碼
4 6

心態、個性、人際關係

6為末碼者： 平易近人、沒有架子、不懂拒絕別人，是爛好人的一種。內心世界是多彩多姿的，懂得利用時間學習才藝，充實內在的生活，知道人生的去向，了解世界局勢，懂得累積能量，在必要時釋放出好的能量、磁場，給予團隊新的點子。

4為末第二碼者： 很容易碰到祖靈、香火牌位的問題，每隔幾年，要檢視祖墳或香火牌位，祖先忌日時要虔誠的祭祀禮拜，讓祖先在另一個無形的空間，魂魄得以安寧，者可保祐平安順利。

論財庫、財祿方位

6為尾數者： 財祿方位在正南之方位，在此方位放上有朝氣的盆栽或聚寶盆，有招財、守財的功能。配合在正北方或西南西方的地方放上雄赳赳氣昂昂的馬，有加速的功效。

論工作、事業

6 為末碼者: 平易近人、穩定性高,適合門市、內勤、人際關係之事業、服務業、宗教用品,也適合教化、教育工作者。

4 為末第二碼者: 不適合遠方求財,適合臨近地區的開拓,因為考慮太多,有時常失去機會,所以對企劃、設計、研發有特殊的專業,要求完美主義者。

論財運、機會

4 為有財有庫,懂得理財,個性保守沒安全感,較不會因被朋友借財而損財,懂得打理錢財之應用,有時容易變為守奴財,也靠績效創造很多的財利。

解讀婚姻、感情

末一碼數字為 6 者: 6 為平原、平易近人,得到很多的粉絲及追求者,但也常感情而陷入迷失當中,而無法自拔,雖然是被動,但不懂得拒絕,而產生糾纏;宜多聽從長輩的建議,會有更良好的結果。

末第二碼數字為 4 者:滿懷熱情,但卻無法自在的表達,欲言又止,對於事業滿身熱血,對於愛情卻是結巴不自在,只能說,愛在心裡口難開吧!

論身體、疾病

6 為末碼者: 皮膚易長溼疹、青春痘、肌肉酸痛,喜歡吃白飯、喝熱湯,支氣管不佳。

4 為末第二碼者: 微血管突出,易得心臟病、心血管循環系統差、口乾舌燥。

求貴人、方位

6 為末碼者: 貴人為屬鼠的人,或姓名字根有子、水、一的人,方位北方為其貴人方。

4 為末第二碼者: 貴人為屬雞的人,或姓名字根有酉、佳、羽、辛、十的人,方位西方為其貴人方。

車牌、門牌、身份證、手機後二碼 47

心態、個性、人際關係

7 為末碼者: 有改革的氣魄,在金融界,可發揮長才,得用時, 更可將事業版圖拓展到另一個層面、風行天下,創造未來,未 來黃金十年,知道智慧財,比勞力財來的重要,所以會轉戰自 己熟悉的領域。

4 為末第二碼者: 很容易碰到祖靈、香火牌位的問題,每隔幾 年,要檢視祖墳或香火牌位,祖先忌日時要虔誠的祭祀禮拜, 讓祖先在另一個無形的空間,魂魄得以安寧,者可保祐平安順 利。

論財庫、財祿方位

7 為尾數者:財祿方位在西南西之方位,在此方位放上有朝氣的 盆栽或聚寶盆,有招財、守財的功能。配合在西南南方或東北 北方的地方放上雄赳赳氣昂昂的馬,有加速的功效。

論工作、事業

7 為末碼者:行動派,有如將軍作戰,主動積極、野心大,要就來大的,沒有大的就不想表現,但也易半途而廢,能獨當一面,到遠方開闢疆土,也為老闆、主管之格局有改革的魄力及決心,但也常一意孤行,而產生挫折。

4 為末第二碼者:不適合遠方求財,適合臨近地區的開拓,因為考慮太多,有時常失去機會,所以對企劃、設計、研發有特殊的專業,要求完美主義者。

論財運、機會

4 為有財有庫,懂得理財,個性保守沒安全感,較不會因被朋友借財而損財,懂得打理錢財之應用,有時容易變為守奴財,也靠績效創造很多的財利。

解讀婚姻、感情

末第一碼數字為 7 者:對所愛之人,相當有責任感,會為對方改變直接、好勝的個性,雖是大男人、大女人,但遇到感情卻變得進退不果。

末第二碼數字為 4 者:滿懷熱情,但卻無法自在的表達,欲言又止,對於事業滿身熱血,對於愛情卻是結巴不自在,只能說,愛在心裡口難開吧!

論身體、疾病

7 為末碼者: 7 為陽金,主動,易頭暈,為呼吸道、氣管之相關問題,有過敏性鼻炎及喉嚨騷癢,易咳嗽。

4 為末碼者: 眼睛常佈滿血絲,常眼紅,視力不佳,火氣大、脾氣暴躁。

求貴人、方位

7 為末碼者:貴人為屬牛的人,或姓名字根有丑、紐、牛、己、二的人,方位東北方為其貴人方。

4 為末第二碼者:貴人為屬雞的人,或姓名字根有酉、佳、羽、辛、十的人,方位西方為其貴人方。

車牌、門牌、身份證、手機後二碼 48

心態、個性、人際關係

8 為末碼者： 外表貴氣，無行動力，重感覺、愛幻想，力道不足，所以會像雲霧一樣膠著，所以 8 辛金之人碰到問題，就會往宗教裡去尋求解脫，和心靈層次的成長，在冥想、靜心當中，開啟智慧的寶庫。

4 為末第二碼者： 很容易碰到祖靈、香火牌位的問題，每隔幾年，要檢視祖墳或香火牌位，祖先忌日時要虔誠的祭祀禮拜，讓祖先在另一個無形的空間，魂魄得以安寧，者可保祐平安順利。

論財庫、財祿方位

8 為尾數者： 財祿方位在正西之方位，在此方位放上有朝氣的盆栽或聚寶盆，有招財、守財的功能。配合在正南方或東北東方的地方放上雄赳赳氣昂昂的馬，有加速的功效。

論工作、事業

8 為末碼者: 人緣好、人際關係佳,有貴氣,適合金融業、珠寶買賣、古董家具、手工藝品、美容師、美髮師,以口為業,如美食、餐廳、小吃,業務性質、老師、補習班、仲介業、24小時便利商、人際關係之事業,也與宗教、心靈有關係。

4 為末第二碼者: 不適合遠方求財,適合臨近地區的開拓,因為考慮太多,有時常失去機會,所以對企劃、設計、研發有特殊的專業,要求完美主義者。

論財運、機會

4 為有財有庫,懂得理財,個性保守沒安全感,較不會因被朋友借財而損財,懂得打理錢財之應用,有時容易變為守奴財,也靠績效創造很多的財利。

解讀婚姻、感情

末一碼數字為8者: 在意每次約會的氣氛、感覺,也在意對方的心態感受,但也因太在意感覺,而讓對方難以適應。記得:不要因王子病或公主病,而失去美好的感情。

末第二碼數字為4者：滿懷熱情，但卻無法自在的表達，欲言又止，對於事業滿身熱血，對於愛情卻是結巴不自在，只能說，愛在心裡口難開吧！

論身體、疾病

8為末碼者： 8為辛金、二氧化碳，食道發炎，主因胃酸過多引起腸胃之疾。

4為末第二碼者： 微血管突出，易得心臟病、心血管循環系統差、口乾舌燥。

求貴人、方位

8為末碼者：貴人為屬虎的人，或姓名字根有寅、木、虎、獻、虍、三的人，方位東北為其貴人方。

4為末第二碼者：貴人為屬雞的人，或姓名字根有酉、隹、羽、辛、十的人，方位西方為其貴人方。

車牌、門牌、身份證、手機後二碼 49

心態、個性、人際關係

9 為末碼者：機巧、靈敏、動作敏捷、快速，是這個時代的產物，他勇於表現自己，推銷自己，善於掌握時機點，讓自己加分、得利。在這樣物質不缺的年代，有可能上台下台，只是一瞬間，變化太快了，沒有足夠的根基，很容易淘汰下來，瞬間化為烏有。

4 為末第二碼者：很容易碰到祖靈、香火牌位的問題，每隔幾年，要檢視祖墳或香火牌位，祖先忌日時要虔誠的祭祀禮拜，讓祖先在另一個無形的空間，魂魄得以安寧，者可保祐平安順利。

論財庫、財祿方位

9 為尾數者：財祿方位在西北北之方位，在此方位放上有朝氣的盆栽或聚寶盆，有招財、守財的功能。配合在正東方或東南南方的地方放上雄赳赳氣昂昂的馬，有加速的功效。

論工作、事業

9為末碼者: 主動積極、持續力強,很好的業務拓展人才,適合旅遊業、運輸業、進口貿易、喪葬禮儀,命理、五術、諮詢,保險業、土地開發、代書、八大行業,律師、老師、言論工作者,水療養生、演藝事業。

4為末第二碼者: 不適合遠方求財,適合臨近地區的開拓,因為考慮太多,有時常失去機會,所以對企劃、設計、研發有特殊的專業,要求完美主義者。

論財運、機會

4為有財有庫,懂得理財,個性保守沒安全感,較不會因被朋友借財而損財,懂得打理錢財之應用,有時容易變為守奴財,也靠績效創造很多的財利。

解讀婚姻、感情

末一碼數字為9者,男女同論: 對喜歡的人,勇於追求表達心中的愛,能言善道,而擄獲對方的心,異性緣佳,對方會主動放低門檻,讓您得到機會;但遇到挫折,容易嫉妒、破壞,讓對方憑感壓力重重。宜改用祝福對方的方式,才能使您未來的緣份更深厚,更永固。

末第二碼數字為 4 者:滿懷熱情,但卻無法自在的表達,欲言又止,對於事業滿身熱血,對於愛情卻是結巴不自在,只能說,愛在心裡口難開吧!

論身體、疾病

9 為末碼者: 腦神經衰弱、睡不著、焦慮、易有幻覺、及內耳膜失衡。

4 為末第二碼者: 微血管突出,易得心臟病、心血管循環系統差、口乾舌燥。

求貴人、方位

9 為末碼者:貴人為屬兔的人,或姓名字根有卯、柳、卿、艹、乙、四的人,方位東方為其貴人方。

4 為末第二碼者:貴人為屬雞的人,或姓名字根有酉、佳、羽、辛、十的人,方位西方為其貴人方。

車牌、門牌、身份證、手機後二碼
50

心態、個性、人際關係

0 為末碼者: 逆向思考,反向操作,學習學術,懂得天地之間、宇宙萬物陰陽交媾,合和為一之事,像隱藏在黑夜裡窺探的眼睛,了解冥冥之中,有一股力量在主宰著。

5 為末第二碼者: 不善變通人際關係,如果有機會懂得凝聚向心力的共識,創造出生命的榮景,更可發揮出潛在驚人的力量。

論財庫、財祿方位

0 為尾數者: 財祿方位在正北之方位,在此方位放上有朝氣的盆栽或聚寶盆,有招財、守財的功能。配合在東南南或正東方的地方放上雄赳赳氣昂昂的馬,有加速的功效。

論工作、事業

0 為末碼者：人際、人緣佳，語文工作者、律師、談判專家、客服專員、人力仲介、汽車修護廠、保險業、資訊業、廣告設計、補給、物流，總機、冷飲、飲料、果汁、門市、百貨銷售、宗教、禮儀用品之行業。

5 為末第二碼者：適合工程技師、計算統計師、學術研究、教學、水土保持研究、自然景觀之設計、企業顧問、國策顧問、宗教、禮儀之行業。

論財運、機會

5 為有財無庫，靠專業知識、一技之長、才華、能力賺錢。求財機會多，但常財來財去，很難守得住財，可購置保險、土地、房地產保值。有好的環境能聚集智慧、專業於一身而得財，也能靠手工藝、技術成立工作室賺取財物。

解讀婚姻、感情

末一碼數字為 0 者：異性緣佳、佔有慾強，能為所愛的人付出一切，但發現對方不專情時，易有玉石俱焚的現象，在感情世界，忽晴忽雨，很難讓對方了解，也唯有真誠的對待、溝通，緣份才能長長久久。

末第二碼數字為5男命者: 有高理想、高標準,所以很難找到理想的對象,而且另一半也喜歡無拘無束的婚姻生活,所以要有完美的婚姻感情,婚前必須作好溝通,心理建設,才能白頭偕老。

末第二碼數字為5女命者: 喜歡自在的感覺,希望不被感情束縛,又要製造另一半沒有她不行的現象,想輔助另一半在事業上達到另一高峰;對命理、宗教有極高的興趣,也因自己的堅持,而讓老公得到成就。

論身體、疾病

0為末碼者: 易幻想、幻聽、腦神經衰弱、睡不著、常作惡夢、口腔破、下巴易有疤痕。

5為末第二碼者: 心臟無力,血管循環差,易結石、長瘜肉,胃潰瘍,食道及消化系統差。

求貴人、方位

0為末碼者: 貴人為屬蛇的人,或姓名字根屬巳、虫、它、日、火、丙、六的人,方位東南方為其貴人方。

5為末第二碼者: 貴人為屬羊的人,或姓名字根屬朱、未、己、八、土者,方位西南方為其貴人方。

車牌、門牌、身份證、手機後二碼
51

心態、個性、人際關係

1為末碼者: 老練、沉穩、顧家、體力、耐力都比一般人強，又具備了領導統馭的心性，為老闆的格局。知道在哪個點、線、面，要如何發揮自身的功能。

5為末第二碼者: 不善變通人際關係，如果有機會懂得凝聚向心力的共識，創造出生命的榮景，更可發揮出潛在驚人的力量。

論財庫、財祿方位

1為尾數者: 財祿方位在東北東之方位，在此方位放上有朝氣的盆栽或聚寶盆，有招財、守財的功能。配合在西南南方或東北北方的地方放上雄赳赳氣昂昂的馬，有加速的功效。

論工作、事業

1為末碼者: 為開創之格局、能無中生有，是一位主管、老闆之格局，是行動派、積極、有創意，也為導引性、流通性之行業。作屬木、行銷之行業，如同順水推舟，事半功倍。

5 為末第二碼者: 適合工程技師、計算統計師、學術研究、教學、水土保持研究、自然景觀之設計、企業顧問、國策顧問、宗教、禮儀之行業。

論財運、機會

5 為有財無庫,靠專業知識、一技之長、才華、能力賺錢。求財機會多,但常財來財去,很難守得住財,可購置保險、土地、房地產保值。有好的環境能聚集智慧、專業於一身而得財,也能靠手工藝、技術成立工作室賺取財物。

解讀婚姻、感情

末一碼數字為 1 的男子: 主動積極、人緣好而引來桃花,非常得有異性緣,但由於1是指標性人物,老闆、王者之心態,覺得女朋友多可突顯自己的能力,而較無法讓女朋友或老婆有安全感。

1 為開創、會無中生有,產生魅力,而成為異性追求的目標。

末一碼數字為 1 的女子: 屬於職業婦女之型態,因1是主管、指標性人物,喜歡掌權,個性強勢,喜歡說了就算,容易與家人發生口角、衝突,所以感情易不順遂,在感情的抉擇上,不會優柔寡斷,不會主動表白心中的愛,一旦對方對自己不忠心,會立即做決定處理,六親緣薄,宜懂得以柔來剋剛,甜言

蜜語，才能有更好的姻緣。

末第二碼數字為5男命者:有高理想、高標準，所以很難找到理想的對象，而且另一半也喜歡無拘無束的婚姻生活，所以要有完美的婚姻感情，婚前必須作好溝通，心理建設，才能白頭偕老。

末第二碼數字為5女命者:喜歡自在的感覺，希望不被感情束縛，又要製造另一半沒有她不行的現象，想輔助另一半在事業上達到另一高峰；對命理、宗教有極高的興趣，也因自己的堅持，而讓老公得到成就。

論身體、疾病

1為末碼者: 易有手部之疾，手的循環及肩的循環差，肩骨酸痛。

5為末第二碼者: 心臟無力，血管循環差，易結石、長瘜肉，胃潰瘍，食道及消化系統差。

求貴人、方位

1為末碼者:貴人為屬羊的人，或姓名字根屬朱、未、己、八、土者，方位西南方為其貴人方。

5為末第二碼者: 貴人為屬羊的人，或姓名字根屬朱、未、己、八、土者，方位西南方為其貴人方。

車牌、門牌、身份證、手機後二碼 52

心態、個性、人際關係

2 為末碼者：能借力使力的往上攀岩，又會暗中察言觀察，遇到困難會求助身旁的人，自我調適得宜，因為 2 乙木過不了冬天，遇寒氣重時，很容易受傷，所以必須緊攀著 1 甲木的樹幹往上爬。

5 為末第二碼者：不善變通人際關係，如果有機會懂得凝聚向心力的共識，創造出生命的榮景，更可發揮出潛在驚人的力量。

論財庫、財祿方位

2 為尾數者：財祿方位在正東之方位，在此方位放上有朝氣的盆栽或聚寶盆，有招財、守財的功能。配合在正北方或西南西方的地方放上雄赳赳氣昂昂的馬，有加速的功效。

論工作、事業

2 為末碼者：為幕僚、企劃、扶佐、企業管理人才，適合招兵買馬、借力使力、人際關係、連鎖加盟之行業，及文化事業、出

版、編輯、門市買賣之行業。

5 為末第二碼者: 適合工程技師、計算統計師、學術研究、教學、水土保持研究、自然景觀之設計、企業顧問、國策顧問、宗教、禮儀之行業。

論財運、機會

5 為有財無庫,靠專業知識、一技之長、才華、能力賺錢。求財機會多,但常財來財去,很難守得住財,可購置保險、土地、房地產保值。有好的環境能聚集智慧、專業於一身而得財,也能靠手工藝、技術成立工作室賺取財物。

解讀婚姻、感情

末一碼數字為 2 者: 對於所愛的人,會勇於表達主動追求,當目標追求不到時,也易死纏不放。男命佔有慾強,不容易滿足現況,也容易見風轉舵,常常不能了解另一半想些什麼,有溝通不良的現象。

女命會為另一半改變個性,屬嫁雞隨雞、嫁狗隨狗的心態、個性。

末第二碼數字為 5 男命者: 有高理想、高標準,所以很難找到理想的對象,而且另一半也喜歡無拘無束的婚姻生活,所以要有完美的婚姻感情,婚前必須作好溝通,心理建設,才能白頭偕老。

末第二碼數字為5女命者: 喜歡自在的感覺,希望不被感情束縛,又要製造另一半沒有她不行的現象,想輔助另一半在事業上達到另一高峰;對命理、宗教有極高的興趣,也因自己的堅持,而讓老公得到成就。

論身體、疾病

2為末碼者: 2為後天之天機星,也主風,易有鼻病,風力不足時無法將血氣打到頭病,所以頭部缺氧而頭暈。

5為末第二碼者: 心臟無力,血管循環差,易結石、長瘤肉,胃潰瘍,食道及消化系統差。

求貴人、方位

2為末碼者: 貴人為屬猴的人,或姓名字根屬申、紳、九的人,方位西南方為其貴人方。

5為末第二碼者: 貴人為屬羊的人,或姓名字根屬朱、未、己、八、土者,方位西南方為其貴人方。

車牌、門牌、身份證、手機後二碼 53

心態、個性、人際關係

3為末碼者： 是熱情的、感性的、主動、好客，也是躁動的，因為想幫助人，釋放出熱情的能量，所以他的一舉一動會容易引人注意，如政治人物、偶像團體…等，樂天知命，懂的化阻力為助力的人。

5為末第二碼者： 不善變通人際關係，如果有機會懂得凝聚向心力的共識，創造出生命的榮景，更可發揮出潛在驚人的力量。

論財庫、財祿方位

3為尾數者： 財祿方位在東南南之方位，在此方位放上有朝氣的盆栽或聚寶盆，有招財、守財的功能。配合在正西方的地方放上雄赳赳氣昂昂的馬，有加速的功效。

論工作、事業

3 為末碼者:適合公眾之人物、知名人物、政治家、企業家、生產、開創、製造,能靠品牌行銷海外各地,名氣望,也易引來是非、訴訟、爭執,宜低調行事,才能避免不必要的是非。

5 為末第二碼者:適合工程技師、計算統計師、學術研究、教學、水土保持研究、自然景觀之設計、企業顧問、國策顧問、宗教、禮儀之行業。

論財運、機會

5 為有財無庫,靠專業知識、一技之長、才華、能力賺錢。求財機會多,但常財來財去,很難守得住財,可購置保險、土地、房地產保值。有好的環境能聚集智慧、專業於一身而得財,也能靠手工藝、技術成立工作室賺取財物。

解讀婚姻、感情

末一碼為 3 的男命:本身名聲、地位、知名度都很高,但一進入感情,就如同眼睛被雲霧遮住,只愛美人不愛江山,同時也希望公開得到眾人的祝福。

末一碼數字為 3 的女命:會為感情付出一切,也會為愛來放棄一切,追求所愛,一旦進入婚姻,常常因另一半情緒起伏很大,忽晴忽雨,有時讓對方無法招架。

末第二碼數字為5男命者:有高理想、高標準,所以很難找到理想的對象,而且另一半也喜歡無拘無束的婚姻生活,所以要有完美的婚姻感情,婚前必須作好溝通,心理建設,才能白頭偕老。

末第二碼數字為5女命者:喜歡自在的感覺,希望不被感情束縛,又要製造另一半沒有她不行的現象,想輔助另一半在事業上達到另一高峰;對命理、宗教有極高的興趣,也因自己的堅持,而讓老公得到成就。

論身體、疾病

3為末碼者:心火大、眼壓高,易有近視散光,也易得眼疾,額頭易有疤痕。

5為末第二碼者:心臟無力,血管循環差,易結石、長瘜肉,胃潰瘍,食道及消化系統差。

求貴人、方位

3為末碼者及末第二碼者:貴人為屬雞的人,或姓名字根屬酉、隹、羽、辛、十的人,方位西方或東南方為其貴人方。

5為末第二碼者:貴人為屬羊的人,或姓名字根屬朱、未、己、八、土者,方位西南方為其貴人方。

車牌、門牌、身份證、手機後二碼 54

心態、個性、人際關係

4 為末碼者: 對週遭環境的敏銳性、和變化度,是具有一般人沒有的張力與耐力,喜歡將自己隱藏在都市裡,過著上班族的生活方式,也能喜歡將內心的感受化為力量,轉化為效率。

5 為末第二碼者: 不善變通人際關係,如果有機會懂得凝聚向心力的共識,創造出生命的榮景,更可發揮出潛在驚人的力量。

論財庫、財祿方位

4 為尾數者: 財祿方位在正南之方位,在此方位放上有朝氣的盆栽或聚寶盆,有招財、守財的功能。配合在正西方或西北北方的地方放上雄赳赳氣昂昂的馬,有加速的功效。

論工作、事業

4 為末碼者: 做事業常猶豫不決、優柔寡斷,沒有安全感,較無法有效開拓市場,但能守成,適合內部管理、內部主管之格局,行政管理,做事重視效率、結果,常用績效作為管理。

5 為末第二碼者:適合工程技師、計算統計師、學術研究、教學、水土保持研究、自然景觀之設計、企業顧問、國策顧問、宗教、禮儀之行業。

論財運、機會

5 為有財無庫,靠專業知識、一技之長、才華、能力賺錢。求財機會多,但常財來財去,很難守得住財,可購置保險、土地、房地產保值。有好的環境能聚集智慧、專業於一身而得財,也能靠手工藝、技術成立工作室賺取財物。

解讀婚姻、感情

末一碼數字為 4 者:多才多藝,而讓另一半著迷,不在意對方的穿著,只在意感覺,常以感覺來衡量愛的多少,當對方稍為有點冷淡時,就覺得對方不再愛他了。

男命:常讓另一半壓力重重,因為 4 自身對愛沒有安全感,而老是調查對方的行蹤,讓對方相當困擾。

女命:常常為了愛情,而氣的流眼淚,因為對方在意的是事業,認為麵包比愛情更為重要。

末第二碼數字為 5 男命者:有高理想、高標準,所以很難找到理想的對象,而且另一半也喜歡無拘無束的婚姻生活,所以要有完美的婚姻感情,婚前必須作好溝通,心理建設,才能白頭

偕老。

末第二碼數字為 5 女命者：喜歡自在的感覺，希望不被感情束縛，又要製造另一半沒有她不行的現象，想輔助另一半在事業上達到另一高峰；對命理、宗教有極高的興趣，也因自己的堅持，而讓老公得到成就。

論身體、疾病

4 為末碼者：眼睛常佈滿血絲，常眼紅，視力不佳，火氣大、脾氣暴躁。

5 為末第二碼者：心臟無力，血管循環差，易結石、長瘜肉，胃潰瘍，食道及消化系統差。

求貴人、方位

4 為末碼者：貴人為屬豬的人，或姓名字根屬亥、家、毅、壬、九的人，方位西北方為其貴人方。

5 為末第二碼者：貴人為屬羊的人，或姓名字根屬朱、未、己、八、土者，方位西南方為其貴人方。

車牌、門牌、身份證、手機後二碼 55

心態、個性、人際關係

5 為末碼者: 喜愛孤獨、思想沈寂、被動式的和人互動,在職場上精明與幹練,與同事間也合作無間,喜愛日出而作,日落而息的生活方式,下班後,工作與生活是分開的,喜歡與大自然為伍,用心體會四季的變化與更迭,享受自己寧靜的生活,不被打擾。

5 為末第二碼者: 不善變通人際關係,如果有機會懂得凝聚向心力的共識,創造出生命的榮景,更可發揮出潛在驚人的力量。

論財庫、財祿方位

5 為尾數者:財祿方位在東南南之方位,在此方位放上有朝氣的盆栽或聚寶盆,有招財、守財的功能。配合在東北北方或西南南方的地方放上雄赳赳氣昂昂的馬,有加速的功效。

論工作、事業

5 為末碼者：常深思熟慮，考慮過多，而失去一些機會，也常自我設限，工作不易變動，穩定性高。適合心靈導師與宗教、神學有緣，能保有一技之長之工作性質，也能在土木建築上發揮專長，也適合固定性、穩定性軍警、公務之事業。

5 為末第二碼者：適合工程技師、計算統計師、學術研究、教學、水土保持研究、自然景觀之設計、企業顧問、國策顧問、宗教、禮儀之行業。

論財運、機會

5 為有財無庫，靠專業知識、一技之長、才華、能力賺錢。求財機會多，但常財來財去，很難守得住財，可購置保險、土地、房地產保值。有好的環境能聚集智慧、專業於一身而得財，也能靠手工藝、技術成立工作室賺取財物。

解讀婚姻、感情

末一碼數字為 5 者：5 為高山、思想堅持己見、理性、不好溝通，對於所愛的人，不會主動展開追求，不會採取行動，只有等待，感覺不對，就會踩剎煞車，常讓對方覺得不浪漫、不懂得情趣。男命較無法了解另一半的想法。女命者想要有穩定的

感情。

末第二碼數字為5男命者: 有高理想、高標準，所以很難找到理想的對象，而且另一半也喜歡無拘無束的婚姻生活，所以要有完美的婚姻感情，婚前必須作好溝通，心理建設，才能白頭偕老。

末第二碼數字為5女命者: 喜歡自在的感覺，希望不被感情束縛，又要製造另一半沒有她不行的現象，想輔助另一半在事業上達到另一高峰；對命理、宗教有極高的興趣，也因自己的堅持，而讓老公得到成就。

論身體、疾病

5為末碼者: 關節炎、頸椎，脖子易酸痛、五十肩、脊椎易側彎異位，皮膚乾燥。

5為末第二碼者: 心臟無力，血管循環差，易結石、長瘜肉，胃潰瘍，食道及消化系統差。

求貴人、方位

5為末碼者: 貴人為屬牛的人，或姓名字根有丑、紐、牛、己、二的人，方位東北方為其貴人方。

5為末第二碼者: 貴人為屬羊的人，或姓名字根屬朱、未、己、八、土者，方位西南方為其貴人方。

車牌、門牌、身份證、手機後二碼 56

心態、個性、人際關係

6 為末碼者：平易近人、沒有架子、不懂拒絕別人，是爛好人的一種。內心世界是多彩多姿的，懂得利用時間學習才藝，充實內在的生活，知道人生的去向，了解世界局勢，懂得累積能量，在必要時釋放出好的能量、磁場，給予團隊新的點子。

5 為末第二碼者：不善變通人際關係，如果有機會懂得凝聚向心力的共識，創造出生命的榮景，更可發揮出潛在驚人的力量。

論財庫、財祿方位

6 為尾數者：財祿方位在正南之方位，在此方位放上有朝氣的盆栽或聚寶盆，有招財、守財的功能。配合在正北方或西南西方的地方放上雄赳赳氣昂昂的馬，有加速的功效。

論工作、事業

6 為末碼者: 平易近人、穩定性高,適合門市、內勤、人際關係之事業、服務業、宗教用品,也適合教化、教育工作者。

5 為末第二碼者: 適合工程技師、計算統計師、學術研究、教學、水土保持研究、自然景觀之設計、企業顧問、國策顧問、宗教、禮儀之行業。

論財運、機會

5 為有財無庫,靠專業知識、一技之長、才華、能力賺錢。求財機會多,但常財來財去,很難守得住財,可購置保險、土地、房地產保值。有好的環境能聚集智慧、專業於一身而得財,也能靠手工藝、技術成立工作室賺取財物。

解讀婚姻、感情

末一碼數字為 6 者: 6 為平原、平易近人,得到很多的粉絲及追求者,但也常感情而陷入迷失當中,而無法自拔,雖然是被動,但不懂得拒絕,而產生糾纏;宜多聽從長輩的建議,會有更良好的結果。

末第二碼數字為 5 男命者: 有高理想、高標準,所以很難找到理想的對象,而且另一半也喜歡無拘無束的婚姻生活,所以要

有完美的婚姻感情，婚前必須作好溝通，心理建設，才能白頭偕老。

末第二碼數字為5女命者: 喜歡自在的感覺，希望不被感情束縛，又要製造另一半沒有她不行的現象，想輔助另一半在事業上達到另一高峰；對命理、宗教有極高的興趣，也因自己的堅持，而讓老公得到成就。

論身體、疾病

6為末碼者: 皮膚易長溼疹、青春痘、肌肉酸痛，喜歡吃白飯、喝熱湯，支氣管不佳。

5為末第二碼者: 心臟無力，血管循環差，易結石、長瘜肉，胃潰瘍，食道及消化系統差。

求貴人、方位

6為末碼者: 貴人為屬鼠的人，或姓名字根有子、水、一的人，方位北方為其貴人方。

5為末第二碼者: 貴人為屬羊的人，或姓名字根屬朱、未、己、八、土者，方位西南方為其貴人方。

車牌、門牌、身份證、手機後二碼
5 7

心態、個性、人際關係

7 為末碼者： 有改革的氣魄，在金融界，可發揮長才，得用時，更可將事業版圖拓展到另一個層面、風行天下，創造未來，未來黃金十年，知道智慧財，比勞力財來的重要，所以會轉戰自己熟悉的領域。

5 為末第二碼者： 不善變通人際關係，如果有機會懂得凝聚向心力的共識，創造出生命的榮景，更可發揮出潛在驚人的力量。

論財庫、財祿方位

7 為尾數者： 財祿方位在西南西之方位，在此方位放上有朝氣的盆栽或聚寶盆，有招財、守財的功能。配合在西南南方或東北北方的地方放上雄赳赳氣昂昂的馬，有加速的功效。

論工作、事業

7 為末碼者: 行動派，有如將軍作戰，主動積極、野心大，要就來大的，沒有大的就不想表現，但也易半途而廢，能獨當一面，到遠方開闢疆土，也為老闆、主管之格局有改革的魄力及決心，但也常一意孤行，而產生挫折。

5 為末第二碼者: 適合工程技師、計算統計師、學術研究、教學、水土保持研究、自然景觀之設計、企業顧問、國策顧問、宗教、禮儀之行業。

論財運、機會

5 為有財無庫，靠專業知識、一技之長、才華、能力賺錢。求財機會多，但常財來財去，很難守得住財，可購置保險、土地、房地產保值。有好的環境能聚集智慧、專業於一身而得財，也能靠手工藝、技術成立工作室賺取財物。

解讀婚姻、感情

末第一碼數字為 7 者: 對所愛之人，相當有責任感，會為對方改變直接、好勝的個性，雖是大男人、大女人，但遇到感情卻變得進退不果。

末第二碼數字為5男命者：有高理想、高標準，所以很難找到理想的對象，而且另一半也喜歡無拘無束的婚姻生活，所以要有完美的婚姻感情，婚前必須作好溝通，心理建設，才能白頭偕老。

末第二碼數字為5女命者：喜歡自在的感覺，希望不被感情束縛，又要製造另一半沒有她不行的現象，想輔助另一半在事業上達到另一高峰；對命理、宗教有極高的興趣，也因自己的堅持，而讓老公得到成就。

論身體、疾病

7為末碼者：7為陽金，主動，易頭暈，為呼吸道、氣管之相關問題，有過敏性鼻炎及喉嚨騷癢，易咳嗽。

5為末第二碼者：心臟無力，血管循環差，易結石、長瘜肉，胃潰瘍，食道及消化系統差。

求貴人、方位

7為末碼者：貴人為屬牛的人，或姓名字根有丑、紐、牛、己、二的人，方位東北方為其貴人方。

5為末第二碼者：貴人為屬羊的人，或姓名字根屬朱、未、己、八、土者，方位西南方為其貴人方。

車牌、門牌、身份證、手機後二碼
5 8

心態、個性、人際關係

8 為末碼者： 外表貴氣，無行動力，重感覺、愛幻想，力道不足，所以會像雲霧一樣膠著，所以 8 辛金之人碰到問題，就會往宗教裡去尋求解脫，和心靈層次的成長，在冥想、靜心當中，開啟智慧的寶庫。

5 為末第二碼者： 不善變通人際關係，如果有機會懂得凝聚向心力的共識，創造出生命的榮景，更可發揮出潛在驚人的力量。

論財庫、財祿方位

8 為尾數者： 財祿方位在正西之方位，在此方位放上有朝氣的盆栽或聚寶盆，有招財、守財的功能。配合在正南方或東北東方的地方放上雄赳赳氣昂昂的馬，有加速的功效。

論工作、事業

8 為末碼者:人緣好、人際關係佳,有貴氣,適合金融業、珠寶買賣、古董家具、手工藝品、美容師、美髮師,以口為業,如美食、餐廳、小吃,業務性質、老師、補習班、仲介業、24小時便利商、人際關係之事業,也與宗教、心靈有關係。

5 為末第二碼者:適合工程技師、計算統計師、學術研究、教學、水土保持研究、自然景觀之設計、企業顧問、國策顧問、宗教、禮儀之行業。

論財運、機會

5 為有財無庫,靠專業知識、一技之長、才華、能力賺錢。求財機會多,但常財來財去,很難守得住財,可購置保險、土地、房地產保值。有好的環境能聚集智慧、專業於一身而得財,也能靠手工藝、技術成立工作室賺取財物。

解讀婚姻、感情

末一碼數字為 8 者:在意每次約會的氣氛、感覺,也在意對方的心態感受,但也因太在意感覺,而讓對方難以適應。記得:不要因王子病或公主病,而失去美好的感情。

末第二碼數字為5男命者:有高理想、高標準,所以很難找到理想的對象,而且另一半也喜歡無拘無束的婚姻生活,所以要有完美的婚姻感情,婚前必須作好溝通,心理建設,才能白頭偕老。

末第二碼數字為5女命者:喜歡自在的感覺,希望不被感情束縛,又要製造另一半沒有她不行的現象,想輔助另一半在事業上達到另一高峰;對命理、宗教有極高的興趣,也因自己的堅持,而讓老公得到成就。

論身體、疾病

8為末碼者: 8為辛金、二氧化碳,食道發炎,主因胃酸過多引起腸胃之疾。

5為末第二碼者: 心臟無力,血管循環差,易結石、長瘜肉,胃潰瘍,食道及消化系統差。

求貴人、方位

8為末碼者:貴人為屬虎的人,或姓名字根有寅、木、虎、獻、虍、三的人,方位東北為其貴人方。

5為末第二碼者: 貴人為屬羊的人,或姓名字根屬朱、未、己、八、土者,方位西南方為其貴人方。

車牌、門牌、身份證、手機後二碼 59

心態、個性、人際關係

9 為末碼者： 機巧、靈敏、動作敏捷、快速，是這個時代的產物，他勇於表現自己，推銷自己，善於掌握時機點，讓自己加分、得利。在這樣物質不缺的年代，有可能上台下台，只是一瞬間，變化太快了，沒有足夠的根基，很容易淘汰下來，瞬間化為烏有。

5 為末第二碼者： 不善變通人際關係，如果有機會懂得凝聚向心力的共識，創造出生命的榮景，更可發揮出潛在驚人的力量。

論財庫、財祿方位

9 為尾數者： 財祿方位在西北北之方位，在此方位放上有朝氣的盆栽或聚寶盆，有招財、守財的功能。配合在正東方或東南南方的地方放上雄赳赳氣昂昂的馬，有加速的功效。

論工作、事業

9 為末碼者： 主動積極、持續力強，很好的業務拓展人才，適合

旅遊業、運輸業、進口貿易、喪葬禮儀，命理、五術、諮詢，保險業、土地開發、代書、八大行業，律師、老師、言論工作者，水療養生、演藝事業。

5 為末第二碼者：適合工程技師、計算統計師、學術研究、教學、水土保持研究、自然景觀之設計、企業顧問、國策顧問、宗教、禮儀之行業。

論財運、機會

5 為有財無庫，靠專業知識、一技之長、才華、能力賺錢。求財機會多，但常財來財去，很難守得住財，可購置保險、土地、房地產保值。有好的環境能聚集智慧、專業於一身而得財，也能靠手工藝、技術成立工作室賺取財物。

解讀婚姻、感情

末一碼數字為 9 者，男女同論：對喜歡的人，勇於追求表達心中的愛，能言善道，而擄獲對方的心，異性緣佳，對方會主動放低門檻，讓您得到機會；但遇到挫折，容易嫉妒、破壞，讓對方億感壓力重重。宜改用祝福對方的方式，才能使您未來的緣份更深厚，更永固。

末第二碼數字為5男命者：有高理想、高標準，所以很難找到理想的對象，而且另一半也喜歡無拘無束的婚姻生活，所以要有完美的婚姻感情，婚前必須作好溝通，心理建設，才能白頭偕老。

末第二碼數字為5女命者：喜歡自在的感覺，希望不被感情束縛，又要製造另一半沒有她不行的現象，想輔助另一半在事業上達到另一高峰；對命理、宗教有極高的興趣，也因自己的堅持，而讓老公得到成就。

論身體、疾病

9為末碼者：腦神經衰弱、睡不著、焦慮、易有幻覺、及內耳膜失衡。

5為末第二碼者：心臟無力，血管循環差，易結石、長瘜肉，胃潰瘍，食道及消化系統差。

求貴人、方位

9為末碼者：貴人為屬兔的人，或姓名字根有卯、柳、卿、艹、乙、四的人，方位東方為其貴人方。

5為末第二碼者：貴人為屬羊的人，或姓名字根屬朱、未、己、八、土者，方位西南方為其貴人方。

車牌、門牌、身份證、手機後二碼
60

心態、個性、人際關係

0 為末碼者：逆向思考，反向操作，學習學術，懂得天地之間、宇宙萬物陰陽交媾，合和為一之事，像隱藏在黑夜裡窺探的眼睛，了解冥冥之中，有一股力量在主宰著。

6 為末第二碼者：外表客氣、有教養，想休息時會徹底放鬆，到外地旅遊，增長見聞。6能無中生有，創造出事業、鞏固事業版圖，而能無中生有的原素，來至於努力不懈的學習。

論財庫、財祿方位

0 為尾數者：財祿方位在正北之方位，在此方位放上有朝氣的盆栽或聚寶盆，有招財、守財的功能。配合在東南南或正東方的地方放上雄赳赳氣昂昂的馬，有加速的功效。

論工作、事業

0 為末碼者：人際、人緣佳，語文工作者、律師、談判專家、客服專員、人力仲介、汽車修護廠、保險業、資訊業、廣告設計、補給、物流，總機、冷飲、飲料、果汁、門市、百貨銷售、宗教、禮儀用品之行業。

6 為末第二碼者：喜歡當正義使者、調解委員，以公平、公正、正義為原則之行業，如行政、會計、財務、守衛、人民保母、軍警之行業，更能突顯自身的公平正義，喜歡研究探討五術，而且能將五術發揚光大。

論財運、機會

6 的財能主動而來，求財機會多，較在意錢財的規劃，喜歡購買不動產及保險，身上現金不多；可以服務性質，或土地買賣，易得財祿。

解讀婚姻、感情

末一碼數字為 0 者：異性緣佳、佔有慾強，能為所愛的人付出一切，但發現對方不專情時，易有玉石俱焚的現象，在感情世界，忽晴忽雨，很難讓對方了解，也唯有真誠的對待、溝通，緣份才能長長久久。

末第二碼數字為6男命者: 常有一見鍾情的現象,但感情來的快,去的也快,有時如膠似漆,有時連說聲再見也沒有。建議珍惜當下,以事業為重,才能有更好的姻緣。

末第二碼數字為6女命者: 能擁有黏密的婚姻感情,也能讓另一半陷入自我迷失當中。記得多激勵另一半,讓他重回社會地位。

論身體、疾病

0為末碼者: 易幻想、幻聽、腦神經衰弱、睡不著、常作惡夢、口腔破、下巴易有疤痕。

6為末第二碼者: 6為陰濕之土,易有脾、胃之毛病,肌肉酸痛,女性易有婦科之疾、貧血。

求貴人、方位

0為末碼者: 貴人為屬蛇的人,或姓名字根屬巳、虫、它、日、火、丙、六的人,方位東南方為其貴人方。

6為末第二碼者: 貴人為屬猴的人,或姓名字根屬申、紳、九的人,方位西南方為其貴人方。

車牌、門牌、身份證、手機後二碼 61

心態、個性、人際關係

1 為末碼者: 老練、沉穩、顧家、體力、耐力都比一般人強，又具備了領導統禦的心性，為老闆的格局。知道在哪個點、線、面，要如何發揮自身的功能。

6 為末第二碼者: 外表客氣、有教養，想休息時會徹底放鬆，到外地旅遊，增長見聞。6能無中生有，創造出事業、鞏固事業版圖，而能無中生有的原素，來至於努力不懈的學習。

論財庫、財祿方位

1 為尾數者: 財祿方位在東北東之方位，在此方位放上有朝氣的盆栽或聚寶盆，有招財、守財的功能。配合在西南南方或東北北方的地方放上雄赳赳氣昂昂的馬，有加速的功效。

論工作、事業

1 為末碼者: 為開創之格局、能無中生有，是一位主管、老闆之格局，是行動派、積極、有創意，也為導引性、流通性之行業。

作屬木、行銷之行業，如同順水推舟，事半功倍。

6 為末第二碼者: 喜歡當正義使者、調解委員，以公平、公正、正義為原則之行業，如行政、會計、財務、守衛、人民保母、軍警之行業，更能突顯自身的公平正義，喜歡研究探討五術，而且能將五術發揚光大。

論財運、機會

6 的財能主動而來，求財機會多，較在意錢財的規劃，喜歡購買不動產及保險，身上現金不多；可以服務性質，或土地買賣，易得財祿。

解讀婚姻、感情

末一碼數字為 1 的男子: 主動積極、人緣好而引來桃花，非常得有異性緣，但由於1是指標性人物，老闆、王者之心態，覺得女朋友多可突顯自己的能力，而較無法讓女朋友或老婆有安全感。

1 為開創、會無中生有，產生魅力，而成為異性追求的目標。

末一碼數字為 1 的女子: 屬於職業婦女之型態，因1是主管、指標性人物，喜歡掌權，個性強勢，喜歡說了就算，容易與家人發生口角、衝突，所以感情易不順遂，在感情的抉擇上，不會優柔寡斷，不會主動表白心中的愛，一旦對方對自己不忠

心，會立即做決定處理，六親緣薄，宜懂得以柔來剋剛，甜言蜜語，才能有更好的姻緣。

末第二碼數字為6男命者: 常有一見鍾情的現象，但感情來的快，去的也快，有時如膠似漆，有時連說聲再見也沒有。建議珍惜當下，以事業為重，才能有更好的姻緣。

末第二碼數字為6女命者: 能擁有黏密的婚姻感情，也能讓另一半陷入自我迷失當中。記得多激勵另一半，讓他重回社會地位。

論身體、疾病

1為末碼者: 易有手部之疾，手的循環及肩的循環差，肩骨酸痛。

6為末第二碼者: 6為陰濕之土，易有脾、胃之毛病，肌肉酸痛，女性易有婦科之疾、貧血。

求貴人、方位

1為末碼者: 貴人為屬羊的人，或姓名字根屬朱、未、己、八、土者，方位西南方為其貴人方。

6為末第二碼者: 貴人為屬猴的人，或姓名字根屬申、紳、九的人，方位西南方為其貴人方。

車牌、門牌、身份證、手機後二碼
6 2

心態、個性、人際關係

6 為末第二碼者： 外表客氣、有教養，想休息時會徹底放鬆，到外地旅遊，增長見聞。6能無中生有，創造出事業、鞏固事業版圖，而能無中生有的原素，來至於努力不懈的學習。

2 為末碼者： 能借力使力的往上攀岩，又會暗中察言觀察，遇到困難會求助身旁的人，自我調適得宜，因為2乙木過不了冬天，遇寒氣重時，很容易受傷，所以必須緊攀著1甲木的樹幹往上爬。

論財庫、財祿方位

2 為尾數者： 財祿方位在正東之方位，在此方位放上有朝氣的盆栽或聚寶盆，有招財、守財的功能。配合在正北方或西南西方的地方放上雄赳赳氣昂昂的馬，有加速的功效。

論工作、事業

2 為末碼者：為幕僚、企劃、扶佐、企業管理人才，適合招兵買馬、借力使力、人際關係、連鎖加盟之行業，及文化事業、出版、編輯、門市買賣之行業。

6 為末第二碼者：喜歡當正義使者、調解委員，以公平、公正、正義為原則之行業，如行政、會計、財務、守衛、人民保母、軍警之行業，更能突顯自身的公平正義，喜歡研究探討五術，而且能將五術發揚光大。

論財運、機會

6 的財能主動而來，求財機會多，較在意錢財的規劃，喜歡購買不動產及保險，身上現金不多；可以服務性質，或土地買賣，易得財祿。

解讀婚姻、感情

末一碼數字為 2 者：對於所愛的人，會勇於表達主動追求，當目標追求不到時，也易死纏不放。男命佔有慾強，不容易滿足現況，也容易見風轉舵，常常不能了解另一半想些什麼，有溝通不良的現象。

女命會為另一半改變個性，屬嫁雞隨雞、嫁狗隨狗的心態、個性。

末第二碼數字為6男命者:常有一見鍾情的現象，但感情來的快，去的也快，有時如膠似漆，有時連說聲再見也沒有。建議珍惜當下，以事業為重，才能有更好的姻緣。

末第二碼數字為6女命者:能擁有黏密的婚姻感情，也能讓另一半陷入自我迷失當中。記得多激勵另一半，讓他重回社會地位。

論身體、疾病

2為末碼者: 2為後天之天機星，也主風，易有鼻病，風力不足時無法將血氣打到頭病，所以頭部缺氧而頭暈。

6為末第二碼者: 6為陰濕之土，易有脾、胃之毛病，肌肉酸痛，女性易有婦科之疾、貧血。

求貴人、方位

2為末碼者: 貴人為屬猴的人，或姓名字根屬申、紳、九的人，方位西南方為其貴人方。

6為末第二碼者: 貴人為屬猴的人，或姓名字根屬申、紳、九的人，方位西南方為其貴人方。

車牌、門牌、身份證、手機後二碼
63

心態、個性、人際關係

3 為末碼者: 是熱情的、感性的、主動、好客,也是躁動的,因為想幫助人,釋放出熱情的能量,所以他的一舉一動會容易引人注意,如政治人物、偶像團體…等,樂天知命,懂的化阻力為助力的人,將能量賦予別人,使花草樹木蓬勃而生。

6 為末第二碼者: 外表客氣、有教養,想休息時會徹底放鬆,到外地旅遊,增長見聞。6能無中生有,創造出事業、鞏固事業版圖,而能無中生有的原素,來至於努力不懈的學習。

論財庫、財祿方位

3 為尾數者: 財祿方位在東南南之方位,在此方位放上有朝氣的盆栽或聚寶盆,有招財、守財的功能。配合在正西方的地方放上雄赳赳氣昂昂的馬,有加速的功效。

論工作、事業

3 為末碼者:適合公眾之人物、知名人物、政治家、企業家、生產、開創、製造,能靠品牌行銷海外各地,名氣望,也易引來是非、訴訟、爭執,宜低調行事,才能避免不必要的是非。

6 為末第二碼者:喜歡當正義使者、調解委員,以公平、公正、正義為原則之行業,如行政、會計、財務、守衛、人民保母、軍警之行業,更能突顯自身的公平正義,喜歡研究探討五術,而且能將五術發揚光大,成為五術界的名師。

論財運、機會

6 的財能主動而來,求財機會多,較在意錢財的規劃,喜歡購買不動產及保險,身上現金不多;可以服務性質,或土地買賣,易得財祿。

解讀婚姻、感情

末一碼為 3 的男命:本身名聲、地位、知名度都很高,但一進入感情,就如同眼睛被雲霧遮住,只愛美人不愛江山,同時也希望公開得到眾人的祝福。

末一碼數字為3的女命：會為感情付出一切，也會為愛來放棄一切，追求所愛，一旦進入婚姻，常常因另一半情緒起伏很大，忽晴忽雨，有時讓對方無法招架。

末第二碼數字為6男命者：常有一見鍾情的現象，但感情來的快，去的也快，有時如膠似漆，有時連說聲再見也沒有。建議珍惜當下，以事業為重，才能有更好的姻緣。

末第二碼數字為6女命者：能擁有黏密的婚姻感情，也能讓另一半陷入自我迷失當中。記得多激勵另一半，讓他重回社會地位。

論身體、疾病

3為末碼者：心火大、眼壓高，易有近視散光，也易得眼疾，額頭易有疤痕。

6為末第二碼者：6為陰濕之土，易有脾、胃之毛病，肌肉酸痛，女性易有婦科之疾、貧血。

求貴人、方位

3為末碼者及末第二碼者：貴人為屬雞的人，或姓名字根屬酉、佳、羽、辛、十的人，方位西方或東南方為其貴人方。

6為末第二碼者：貴人為屬猴的人，或姓名字根屬申、紳、九的人，方位西南方為其貴人方。

車牌、門牌、身份證、手機後二碼
6 4

心態、個性、人際關係

4 為末碼者: 對週遭環境的敏銳性、和變化度,是具有一般人沒有的張力與耐力,喜歡將自己隱藏在都市裡,過著上班族的生活方式,也能喜歡將內心的感受化為力量,轉化為效率。

6 為末第二碼者: 外表客氣、有教養,想休息時會徹底放鬆,到外地旅遊,增長見聞。6能無中生有,創造出事業、鞏固事業版圖,而能無中生有的原素,來至於努力不懈的學習。

論財庫、財祿方位

4 為尾數者: 財祿方位在正南之方位,在此方位放上有朝氣的盆栽或聚寶盆,有招財、守財的功能。配合在正西方或西北北方的地方放上雄赳赳氣昂昂的馬,有加速的功效。

論工作、事業

4 為末碼者：做事業常猶豫不決、優柔寡斷，沒有安全感，較無法有效開拓市場，但能守成，適合內部管理、內部主管之格局，行政管理，做事重視效率、結果，常用績效作為管理。

6 為末第二碼者：喜歡當正義使者、調解委員，以公平、公正、正義為原則之行業，如行政、會計、財務、守衛、人民保母、軍警之行業，更能突顯自身的公平正義，喜歡研究探討五術，而且能將五術發揚光大。

論財運、機會

6 的財能主動而來，求財機會多，較在意錢財的規劃，喜歡購買不動產及保險，身上現金不多；可以服務性質，或土地買賣，易得財祿。

解讀婚姻、感情

末一碼數字為 4 者：多才多藝，而讓另一半著迷，不在意對方的穿著，只在意感覺，常以感覺來衡量愛的多少，當對方稍為有點冷淡時，就覺得對方不再愛他了。

男命：常讓另一半壓力重重，因為 4 自身對愛沒有安全感，而

老是調查對方的行蹤,讓對方相當困擾。

女命:常常為了愛情,而氣的流眼淚,因為對方在意的是事業,認為麵包比愛情更為重要。

末第二碼數字為6男命者:常有一見鍾情的現象,但感情來的快,去的也快,有時如膠似漆,有時連說聲再見也沒有。建議珍惜當下,以事業為重,才能有更好的姻緣。

末第二碼數字為6女命者:能擁有黏密的婚姻感情,也能讓另一半陷入自我迷失當中。記得多激勵另一半,讓他重回社會地位。

論身體、疾病

4為末碼者:眼睛常佈滿血絲,常眼紅,視力不佳,火氣大、脾氣暴躁。

6為末第二碼者:6為陰濕之土,易有脾、胃之毛病,肌肉酸痛,女性易有婦科之疾、貧血。

求貴人、方位

4為末碼者:貴人為屬豬的人,或姓名字根屬亥、家、毅、壬、九的人,方位西北方為其貴人方。

6為末第二碼者:貴人為屬猴的人,或姓名字根屬申、紳、九的人,方位西南方為其貴人方。

車牌、門牌、身份證、手機後二碼
65

心態、個性、人際關係

5 為末碼者: 喜愛孤獨、思想沈寂、被動式的和人互動,在職場上精明與幹練,與同事間也合作無間,喜愛日出而作,日落而息的生活方式,下班後,工作與生活是分開的,喜歡與大自然為伍,用心體會四季的變化與更迭,享受自己寧靜的生活,不被打擾。

6 為末第二碼者: 外表客氣、有教養,想休息時會徹底放鬆,到外地旅遊,增長見聞。6能無中生有,創造出事業、鞏固事業版圖,而能無中生有的原素,來至於努力不懈的學習。

論財庫、財祿方位

5 為尾數者:財祿方位在東南南之方位,在此方位放上有朝氣的盆栽或聚寶盆,有招財、守財的功能。配合在東北北方或西南南方的地方放上雄赳赳氣昂昂的馬,有加速的功效。

論工作、事業

5 為末碼者: 常深思熟慮,考慮過多,而失去一些機會,也常自我設限,工作不易變動,穩定性高。適合心靈導師與宗教、神學有緣,能保有一技之長之工作性質,也能在土木建築上發揮專長,也適合固定性、穩定性軍警、公務之事業。

6 為末第二碼者: 喜歡當正義使者、調解委員,以公平、公正、正義為原則之行業,如行政、會計、財務、守衛、人民保母、軍警之行業,更能突顯自身的公平正義,喜歡研究探討五術,而且能將五術發揚光大。

論財運、機會

6 的財能主動而來,求財機會多,較在意錢財的規劃,喜歡購買不動產及保險,身上現金不多;可以服務性質,或土地買賣,易得財祿。

解讀婚姻、感情

末一碼數字為 5 者: 5 為高山、思想堅持己見、理性、不好溝通,對於所愛的人,不會主動展開追求,不會採取行動,只有等待,感覺不對,就會踩剎煞車,常讓對方覺得不浪漫、不懂得情趣。男命較無法了解另一半的想法。女命者想要有穩定的感情。

末第二碼數字為 6 男命者: 常有一見鍾情的現象,但感情來的快,去的也快,有時如膠似漆,有時連說聲再見也沒有。建議珍惜當下,以事業為重,才能有更好的姻緣。

末第二碼數字為 6 女命者: 能擁有黏密的婚姻感情,也能讓另一半陷入自我迷失當中。記得多激勵另一半,讓他重回社會地位。

論身體、疾病

5 為末碼者: 關節炎、頸椎,脖子易酸痛、五十肩、脊椎易側彎異位,皮膚乾燥。

6 為末第二碼者: 6 為陰濕之土,易有脾、胃之毛病,肌肉酸痛,女性易有婦科之疾、貧血。

求貴人、方位

5 為末碼者: 貴人為屬牛的人,或姓名字根有丑、紐、牛、己、二的人,方位東北方為其貴人方。

6 為末第二碼者: 貴人為屬猴的人,或姓名字根屬申、紳、九的人,方位西南方為其貴人方。

車牌、門牌、身份證、手機後二碼
6 6

心態、個性、人際關係

6 為末碼者: 平易近人、沒有架子、不懂拒絕別人,是爛好人的一種。內心世界是多彩多姿的,懂得利用時間學習才藝,充實內在的生活,知道人生的去向,了解世界局勢,懂得累積能量,在必要時釋放出好的能量、磁場,給予團隊新的點子。

6 為末第二碼者: 外表客氣、有教養,想休息時會徹底放鬆,到外地旅遊,增長見聞。6能無中生有,創造出事業、鞏固事業版圖,而能無中生有的原素,來至於努力不懈的學習。

論財庫、財祿方位

6 為尾數者: 財祿方位在正南之方位,在此方位放上有朝氣的盆栽或聚寶盆,有招財、守財的功能。配合在正北方或西南西方的地方放上雄赳赳氣昂昂的馬,有加速的功效。

論工作、事業

6 為末碼者: 平易近人、穩定性高,適合門市、內勤、人際關係之事業、服務業、宗教用品,也適合教化、教育工作者。

6 為末第二碼者: 喜歡當正義使者、調解委員,以公平、公正、正義為原則之行業,如行政、會計、財務、守衛、人民保母、軍警之行業,更能突顯自身的公平正義,喜歡研究探討五術,而且能將五術發揚光大。

論財運、機會

6 的財能主動而來,求財機會多,較在意錢財的規劃,喜歡購買不動產及保險,身上現金不多;可以服務性質,或土地買賣,易得財祿。

解讀婚姻、感情

末一碼數字為 6 者: 6 為平原、平易近人,得到很多的粉絲及追求者,但也常感情而陷入迷失當中,而無法自拔,雖然是被動,但不懂得拒絕,而產生糾纏;宜多聽從長輩的建議,會有更良好的結果。

末第二碼數字為 6 男命者：常有一見鍾情的現象，但感情來的快，去的也快，有時如膠似漆，有時連說聲再見也沒有。建議珍惜當下，以事業為重，才能有更好的姻緣。

末第二碼數字為 6 女命者：能擁有黏密的婚姻感情，也能讓另一半陷入自我迷失當中。記得多激勵另一半，讓他重回社會地位。

論身體、疾病

6 為末碼者：皮膚易長溼疹、青春痘、肌肉酸痛，喜歡吃白飯、喝熱湯，支氣管不佳。

6 為末第二碼者： 6 為陰濕之土，易有脾、胃之毛病，肌肉酸痛，女性易有婦科之疾、貧血。

求貴人、方位

6 為末碼者：貴人為屬鼠的人，或姓名字根有子、水、一的人，方位北方為其貴人方。

6 為末第二碼者：貴人為屬猴的人，或姓名字根屬申、紳、九的人，方位西南方為其貴人方。

車牌、門牌、身份證、手機後二碼
6 7

心態、個性、人際關係

7 為末碼者： 有改革的氣魄，在金融界，可發揮長才，得用時，更可將事業版圖拓展到另一個層面、風行天下，創造未來，未來黃金十年，知道智慧財，比勞力財來的重要，所以會轉戰自己熟悉的領域。

6 為末第二碼者： 外表客氣、有教養，想休息時會徹底放鬆，到外地旅遊，增長見聞。6 能無中生有，創造出事業、鞏固事業版圖，而能無中生有的原素，來至於努力不懈的學習。

論財庫、財祿方位

7 為尾數者： 財祿方位在西南西之方位，在此方位放上有朝氣的盆栽或聚寶盆，有招財、守財的功能。配合在西南南方或東北北方的地方放上雄赳赳氣昂昂的馬，有加速的功效。

論工作、事業

7 為末碼者: 行動派,有如將軍作戰,主動積極、野心大,要就來大的,沒有大的就不想表現,但也易半途而廢,能獨當一面,到遠方開闢疆土,也為老闆、主管之格局有改革的魄力及決心,但也常一意孤行,而產生挫折。

6 為末第二碼者: 喜歡當正義使者、調解委員,以公平、公正、正義為原則之行業,如行政、會計、財務、守衛、人民保母、軍警之行業,更能突顯自身的公平正義,喜歡研究探討五術,而且能將五術發揚光大。

論財運、機會

6 的財能主動而來,求財機會多,較在意錢財的規劃,喜歡購買不動產及保險,身上現金不多;可以服務性質,或土地買賣,易得財祿。

解讀婚姻、感情

末第一碼數字為 7 者: 對所愛之人,相當有責任感,會為對方改變直接、好勝的個性,雖是大男人、大女人,但遇到感情卻變得進退不果。

末第二碼數字為 6 男命者: 常有一見鍾情的現象,但感情來的快,去的也快,有時如膠似漆,有時連說聲再見也沒有。建議珍惜當下,以事業為重,才能有更好的姻緣。

末第二碼數字為 6 女命者: 能擁有黏密的婚姻感情,也能讓另一半陷入自我迷失當中。記得多激勵另一半,讓他重回社會地位。

論身體、疾病

7 為末碼者: 7 為陽金,主動,易頭暈,為呼吸道、氣管之相關問題,有過敏性鼻炎及喉嚨騷癢,易咳嗽。

6 為末第二碼者: 6 為陰濕之土,易有脾、胃之毛病,肌肉酸痛,女性易有婦科之疾、貧血。

求貴人、方位

7 為末碼者: 貴人為屬牛的人,或姓名字根有丑、紐、牛、己、二的人,方位東北方為其貴人方。

6 為末第二碼者: 貴人為屬猴的人,或姓名字根屬申、紳、九的人,方位西南方為其貴人方。

車牌、門牌、身份證、手機後二碼 6 8

心態、個性、人際關係

8 為末碼者： 外表貴氣，無行動力，重感覺、愛幻想，力道不足，所以會像雲霧一樣膠著，所以8辛金之人碰到問題，就會往宗教裡去尋求解脫，和心靈層次的成長，在冥想、靜心當中，開啟智慧的寶庫。

6 為末第二碼者： 外表客氣、有教養，想休息時會徹底放鬆，到外地旅遊，增長見聞。6能無中生有，創造出事業、鞏固事業版圖，而能無中生有的原素，來至於努力不懈的學習。

論財庫、財祿方位

8 為尾數者： 財祿方位在正西之方位，在此方位放上有朝氣的盆栽或聚寶盆，有招財、守財的功能。配合在正南方或東北東方的地方放上雄赳赳氣昂昂的馬，有加速的功效。

論工作、事業

8 為末碼者: 人緣好、人際關係佳,有貴氣,適合金融業、珠寶買賣、古董家具、手工藝品、美容師、美髮師,以口為業,如美食、餐廳、小吃,業務性質、老師、補習班、仲介業、24小時便利商、人際關係之事業,也與宗教、心靈有關係。

6 為末第二碼者: 喜歡當正義使者、調解委員,以公平、公正、正義為原則之行業,如行政、會計、財務、守衛、人民保母、軍警之行業,更能突顯自身的公平正義,喜歡研究探討五術,而且能將五術發揚光大。

論財運、機會

6 的財能主動而來,求財機會多,較在意錢財的規劃,喜歡購買不動產及保險,身上現金不多;可以服務性質,或土地買賣,易得財祿。

解讀婚姻、感情

末一碼數字為 8 者: 在意每次約會的氣氛、感覺,也在意對方的心態感受,但也因太在意感覺,而讓對方難以適應。記得:不要因王子病或公主病,而失去美好的感情。

末第二碼數字為6男命者: 常有一見鍾情的現象，但感情來的快，去的也快，有時如膠似漆，有時連說聲再見也沒有。建議珍惜當下，以事業為重，才能有更好的姻緣。

末第二碼數字為6女命者: 能擁有黏密的婚姻感情，也能讓另一半陷入自我迷失當中。記得多激勵另一半，讓他重回社會地位。

論身體、疾病

8為末碼者: 8為辛金、二氧化碳，食道發炎，主因胃酸過多引起腸胃之疾。

6為末第二碼者: 6為陰濕之土，易有脾、胃之毛病，肌肉酸痛，女性易有婦科之疾、貧血。

求貴人、方位

6為末第二碼者: 貴人為屬猴的人，或姓名字根屬申、紳、九的人，方位西南方為其貴人方。

8為末碼者: 貴人為屬虎的人，或姓名字根有寅、木、虎、獻、盧、三的人，方位東北為其貴人方。

車牌、門牌、身份證、手機後二碼
6 9

心態、個性、人際關係

9 為末碼者：機巧、靈敏、動作敏捷、快速，是這個時代的產物，他勇於表現自己，推銷自己，善於掌握時機點，讓自己加分、得利。在這樣物質不缺的年代，有可能上台下台，只是一瞬間，變化太快了，沒有足夠的根基，很容易淘汰下來，瞬間化為烏有。

6 為末第二碼者：外表客氣、有教養，想休息時會徹底放鬆，到外地旅遊，增長見聞。6 能無中生有，創造出事業、鞏固事業版圖，而能無中生有的原素，來至於努力不懈的學習。

論財庫、財祿方位

9 為尾數者：財祿方位在西北北之方位，在此方位放上有朝氣的盆栽或聚寶盆，有招財、守財的功能。配合在正東方或東南南方的地方放上雄赳赳氣昂昂的馬，有加速的功效。

論工作、事業

9 為末碼者: 主動積極、持續力強,很好的業務拓展人才,適合旅遊業、運輸業、進口貿易、喪葬禮儀,命理、五術、諮詢,保險業、土地開發、代書、八大行業,律師、老師、言論工作者,水療養生、演藝事業。

6 為末第二碼者: 喜歡當正義使者、調解委員,以公平、公正、正義為原則之行業,如行政、會計、財務、守衛、人民保母、軍警之行業,更能突顯自身的公平正義,喜歡研究探討五術,而且能將五術發揚光大。

論財運、機會

6 的財能主動而來,求財機會多,較在意錢財的規劃,喜歡購買不動產及保險,身上現金不多;可以服務性質,或土地買賣,易得財祿。

解讀婚姻、感情

末一碼數字為 9 者,男女同論: 對喜歡的人,勇於追求表達心中的愛,能言善道,而擄獲對方的心,異性緣佳,對方會主動放低門檻,讓您得到機會;但遇到挫折,容易嫉妒、破壞,讓對方倍感壓力重重。宜改用祝福對方的方式,才能使您未來的緣份更深厚,更永固。

末第二碼數字為6男命者: 常有一見鍾情的現象,但感情來的快,去的也快,有時如膠似漆,有時連說聲再見也沒有。建議珍惜當下,以事業為重,才能有更好的姻緣。

末第二碼數字為6女命者: 能擁有黏密的婚姻感情,也能讓另一半陷入自我迷失當中。記得多激勵另一半,讓他重回社會地位。

論身體、疾病

9為末碼者: 腦神經衰弱、睡不著、焦慮、易有幻覺、及內耳膜失衡。

6為末第二碼者: 6為陰濕之土,易有脾、胃之毛病,肌肉酸痛,女性易有婦科之疾、貧血。

求貴人、方位

9為末碼者: 貴人為屬兔的人,或姓名字根有卯、柳、卿、艹、乙、四的人,方位東方為其貴人方。

6為末第二碼者: 貴人為屬猴的人,或姓名字根屬申、紳、九的人,方位西南方為其貴人方。

車牌、門牌、身份證、手機後二碼
7 0

心態、個性、人際關係

0 為末碼者: 逆向思考,反向操作,學習學術,懂得天地之間、宇宙萬物陰陽交媾,合和為一之事,像隱藏在黑夜裡窺探的眼睛,了解冥冥之中,有一股力量在主宰著。

7 為末第二碼者: 要就來大得,不要就走人,7 行事有魄力,但欠缺思考,反而在感情之對待,會改變情性,在事業上衝鋒陷陣,回到家中溫柔體貼,到家中面對老婆,會以老婆說了算。

論財庫、財祿方位

0 為尾數者: 財祿方位在正北之方位,在此方位放上有朝氣的盆栽或聚寶盆,有招財、守財的功能。配合在東南南或正東方的地方放上雄赳赳氣昂昂的馬,有加速的功效。

論工作、事業

0 為末碼者: 人際、人緣佳,語文工作者、律師、談判專家、客服專員、人力仲介、汽車修護廠、保險業、資訊業、廣告設計、補給、物流,總機、冷飲、飲料、果汁、門市、百貨銷售、宗教、禮儀用品之行業。

7 為末第二碼者: 可從適資訊服務業、網際網路、媒體傳播、電腦工程師,鐵器、五金行、業務行銷、通路商之行業。

論財運、機會

7能靠自己的實力賺錢,敢衝,喜歡賺大錢,最好一次全部入口袋,但有財無庫,易財來財去,阿沙力,喜歡以戰功論賞。宜將現金轉為房地產、土地,以土來鞏固金錢,方能守得住。

解讀婚姻、感情

末一碼數字為0者: 異性緣佳、佔有慾強,能為所愛的人付出一切,但發現對方不專情時,易有玉石俱焚的現象,在感情世界,忽晴忽雨,很難讓對方了解,也唯有真誠的對待、溝通,緣份才能長長久久。

末二碼數字為7 男命者:會為愛放棄工作機會,但也因有對方的鼓勵,而變得魅力十足。

末二碼數字為7 女命者:戀愛時是迷失的,且小鳥依人,但結了婚後,反而霸氣十足。

論身體、疾病

0 為末碼者: 易幻想、幻聽、腦神經衰弱、睡不著、常作惡夢、口腔破、下巴易有疤痕。

7 為末第二碼者: 易感冒、頭暈、咳嗽、食道易發炎紅腫,骨頭關節酸痛、便秘。

求貴人、方位

0 為末碼者: 貴人為屬蛇的人,或姓名字根屬巳、虫、它、日、火、丙、六的人,方位東南方為其貴人方。

7 為末第二碼者: 貴人為屬羊的人,或姓名字根屬朱、未、己、八、土者,方位西南方為其貴人方。

車牌、門牌、身份證、手機後二碼
71

心態、個性、人際關係

1 為末碼者： 老練、沉穩、顧家、體力、耐力都比一般人強，又具備了領導統禦的心性，為老闆的格局。知道在哪個點、線、面，要如何發揮自身的功能。

7 為末第二碼者： 要就來大得，不要就走人，7 行事有魄力，但欠缺思考，反而在感情之對待，會改變情性，在事業上衝鋒陷陣，回到家中溫柔體貼，到家中面對老婆，會以老婆說了算。

論財庫、財祿方位

1 為尾數者： 財祿方位在東北東之方位，在此方位放上有朝氣的盆栽或聚寶盆，有招財、守財的功能。配合在西南南方或東北北方的地方放上雄赳赳氣昂昂的馬，有加速的功效。

論工作、事業

1 為末碼者: 為開創之格局、能無中生有,是一位主管、老闆之格局,是行動派、積極、有創意,也為導引性、流通性之行業。作屬木、行銷之行業,如同順水推舟,事半功倍。

7 為末第二碼者: 可從適資訊服務業、網際網路、媒體傳播、電腦工程師,鐵器、五金行、業務行銷、通路商之行業。

論財運、機會

7 能靠自己的實力賺錢,敢衝,喜歡賺大錢,最好一次全部入口袋,但有財無庫,易財來財去,阿沙力,喜歡以戰功論賞。宜將現金轉為房地產、土地,以土來鞏固金錢,方能守得住。

解讀婚姻、感情

末一碼數字為 1 的男子: 主動積極、人緣好而引來桃花,非常得有異性緣,但由於 1 是指標性人物,老闆、王者之心態,覺得女朋友多可突顯自己的能力,而較無法讓女朋友或老婆有安全感。

1 為開創、會無中生有,產生魅力,而成為異性追求的目標。

末一碼數字為 1 的女子：屬於職業婦女之型態，因 1 是主管、指標性人物，喜歡掌權，個性強勢，喜歡說了就算，容易與家人發生口角、衝突，所以感情易不順遂，在感情的抉擇上，不會優柔寡斷，不會主動表白心中的愛，一旦對方對自己不忠心，會立即做決定處理，六親緣薄，宜懂得以柔來剋剛，甜言蜜語，才能有更好的姻緣。

末二碼數字為 7 男命者：會為愛放棄工作機會，但也因有對方的鼓勵，而變得魅力十足。

末二碼數字為 7 女命者：戀愛時是迷失的，且小鳥依人，但結了婚後，反而霸氣十足。

論身體、疾病

1 為末碼者：易有手部之疾，手的循環及肩的循環差，肩骨酸痛。

7 為末第二碼者：易感冒、頭暈、咳嗽、食道易發炎紅腫，骨頭關節酸痛、便秘。

求貴人、方位

1 為末碼者：貴人為屬羊的人，或姓名字根屬朱、未、己、八、土者，方位西南方為其貴人方。

7 為末第二碼者：貴人為屬羊的人，或姓名字根屬朱、未、己、八、土者，方位西南方為其貴人方。

車牌、門牌、身份證、手機後二碼
72

心態、個性、人際關係

2 為末碼者: 能借力使力的往上攀岩,又會暗中察言觀察,遇到困難會求助身旁的人,自我調適得宜,因為2乙木過不了冬天,遇寒氣重時,很容易受傷,所以必須緊攀著1甲木的樹幹往上爬。

7 為末第二碼者: 要就來大得,不要就走人,7行事有魄力,但欠缺思考,反而在感情之對待,會改變情性,在事業上衝鋒陷陣,回到家中溫柔體貼,到家中面對老婆,會以老婆說了算。

論財庫、財祿方位

2 為尾數者:財祿方位在正東之方位,在此方位放上有朝氣的盆栽或聚寶盆,有招財、守財的功能。配合在正北方或西南西方的地方放上雄赳赳氣昂昂的馬,有加速的功效。

論工作、事業

2 為末碼者: 為幕僚、企劃、扶佐、企業管理人才,適合招兵買馬、借力使力、人際關係、連鎖加盟之行業,及文化事業、出版、編輯、門市買賣之行業。

7 為末第二碼者: 可從適資訊服務業、網際網路、媒體傳播、電腦工程師,鐵器、五金行、業務行銷、通路商之行業。

論財運、機會

7 能靠自己的實力賺錢,敢衝,喜歡賺大錢,最好一次全部入口袋,但有財無庫,易財來財去,阿沙力,喜歡以戰功論賞。宜將現金轉為房地產、土地,以土來鞏固金錢,方能守得住。

解讀婚姻、感情

末一碼數字為 2 者: 對於所愛的人,會勇於表達主動追求,當目標追求不到時,也易死纏不放。男命佔有慾強,不容易滿足現況,也容易見風轉舵,常常不能了解另一半想些什麼,有溝通不良的現象。

女命會為另一半改變個性,屬嫁雞隨雞、嫁狗隨狗的心態、個性。

末二碼數字為7 男命者: 會為愛放棄工作機會,但也因有對方的鼓勵,而變得魅力十足。

末二碼數字為7 女命者: 戀愛時是迷失的,且小鳥依人,但結了婚後,反而霸氣十足。

論身體、疾病

2 為末碼者: 2為後天之天機星,也主風,易有鼻病,風力不足時無法將血氣打到頭病,所以頭部缺氧而頭暈。

7 為末第二碼者: 易感冒、頭暈、咳嗽、食道易發炎紅腫,骨頭關節酸痛、便秘。

求貴人、方位

2 為末碼者: 貴人為屬猴的人,或姓名字根屬申、紳、九的人,方位西南方為其貴人方。

7 為末第二碼者: 貴人為屬羊的人,或姓名字根屬朱、未、己、八、土者,方位西南方為其貴人方。

車牌、門牌、身份證、手機後二碼
73

心態、個性、人際關係

3 為末碼者: 是熱情的、感性的、主動、好客,也是躁動的,因為想幫助人,釋放出熱情的能量,所以他的一舉一動會容易引人注意,如政治人物、偶像團體…等,樂天知命,懂的化阻力為助力的人。

7 為末第二碼者: 要就來大得,不要就走人,7 行事有魄力,但欠缺思考,反而在感情之對待,會改變情性,在事業上衝鋒陷陣,回到家中溫柔體貼,到家中面對老婆,會以老婆說了算。

論財庫、財祿方位

3 為尾數者: 財祿方位在東南南之方位,在此方位放上有朝氣的盆栽或聚寶盆,有招財、守財的功能。配合在正西方的地方放上雄赳赳氣昂昂的馬,有加速的功效。

論工作、事業

3 為末碼者: 適合公眾之人物、知名人物、政治家、企業家、生產、開創、製造，能靠品牌行銷海外各地，名氣望，也易引來是非、訴訟、爭執，宜低調行事，才能避免不必要的是非。

7 為末第二碼者: 可從適資訊服務業、網際網路、媒體傳播、電腦工程師，鐵器、五金行、業務行銷、通路商之行業。

論財運、機會

7 能靠自己的實力賺錢，敢衝，喜歡賺大錢，最好一次全部入口袋，但有財無庫，易財來財去，阿沙力，喜歡以戰功論賞。宜將現金轉為房地產、土地，以土來鞏固金錢，方能守得住。

解讀婚姻、感情

末一碼為 3 的男命: 本身名聲、地位、知名度都很高，但一進入感情，就如同眼睛被雲霧遮住，只愛美人不愛江山，同時也希望公開得到眾人的祝福。

末一碼數字為 3 的女命: 會為感情付出一切，也會為愛來放棄一切，追求所愛，一旦進入婚姻，常常因另一半情緒起伏很大，忽晴忽雨，有時讓對方無法招架。

末二碼數字為 7 男命者: 會為愛放棄工作機會,但也因有對方的鼓勵,而變得魅力十足。

末二碼數字為 7 女命者: 戀愛時是迷失的,且小鳥依人,但結了婚後,反而霸氣十足。

論身體、疾病

3 為末碼者: 心火大、眼壓高,易有近視散光,也易得眼疾,額頭易有疤痕。

7 為末第二碼者: 易感冒、頭暈、咳嗽、食道易發炎紅腫,骨頭關節酸痛、便秘。

求貴人、方位

3 為末碼者及末第二碼者: 貴人為屬雞的人,或姓名字根屬酉、佳、羽、辛、十的人,方位西方或東南方為其貴人方。

7 為末第二碼者: 貴人為屬羊的人,或姓名字根屬朱、未、己、八、土者,方位西南方為其貴人方。

車牌、門牌、身份證、手機後二碼
74

心態、個性、人際關係

4 為末碼者: 對週遭環境的敏銳性、和變化度，是具有一般人沒有的張力與耐力，喜歡將自己隱藏在都市裡，過著上班族的生活方式，也能喜歡將內心的感受化為力量，轉化為效率。

7 為末第二碼者: 要就來大得，不要就走人，7 行事有魄力，但欠缺思考，反而在感情之對待，會改變情性，在事業上衝鋒陷陣，回到家中溫柔體貼，到家中面對老婆，會以老婆說了算。

論財庫、財祿方位

4 為尾數者: 財祿方位在正南之方位，在此方位放上有朝氣的盆栽或聚寶盆，有招財、守財的功能。配合在正西方或西北北方的地方放上雄赳赳氣昂昂的馬，有加速的功效。

論工作、事業

4 為末碼者: 做事業常猶豫不決、優柔寡斷，沒有安全感，較無法有效開拓市場，但能守成，適合內部管理、內部主管之格局，行政管理，做事重視效率、結果，常用績效作為管理。

7 為末第二碼者: 可從適資訊服務業、網際網路、媒體傳播、電腦工程師，鐵器、五金行、業務行銷、通路商之行業。

論財運、機會

7 能靠自己的實力賺錢，敢衝，喜歡賺大錢，最好一次全部入口袋，但有財無庫，易財來財去，阿沙力，喜歡以戰功論賞。宜將現金轉為房地產、土地，以土來鞏固金錢，方能守得住。

解讀婚姻、感情

末一碼數字為 4 者: 多才多藝，而讓另一半著迷，不在意對方的穿著，只在意感覺，常以感覺來衡量愛的多少，當對方稍為有點冷淡時，就覺得對方不再愛他了。

男命: 常讓另一半壓力重重，因為 4 自身對愛沒有安全感，而老是調查對方的行蹤，讓對方相當困擾。

女命:常常為了愛情,而氣的流眼淚,因為對方在意的是事業,認為麵包比愛情更為重要。

末二碼數字為7男命者:會為愛放棄工作機會,但也因有對方的鼓勵,而變得魅力十足。

末二碼數字為7女命者:戀愛時是迷失的,且小鳥依人,但結了婚後,反而霸氣十足。

論身體、疾病

4為末碼者:眼睛常佈滿血絲,常眼紅,視力不佳,火氣大、脾氣暴躁。

7為末第二碼者:易感冒、頭暈、咳嗽、食道易發炎紅腫,骨頭關節酸痛、便秘。

求貴人、方位

4為末碼者:貴人為屬豬的人,或姓名字根屬亥、家、毅、壬、九的人,方位西北方為其貴人方。

7為末第二碼者:貴人為屬羊的人,或姓名字根屬朱、未、己、八、土者,方位西南方為其貴人方。

車牌、門牌、身份證、手機後二碼 75

心態、個性、人際關係

5 為末碼者: 喜愛孤獨、思想沈寂、被動式的和人互動,在職場上精明與幹練,與同事間也合作無間,喜愛日出而作,日落而息的生活方式,下班後,工作與生活是分開的,喜歡與大自然為伍,用心體會四季的變化與更迭,享受自己寧靜的生活,不被打擾。

7 為末第二碼者: 要就來大得,不要就走人,7 行事有魄力,但欠缺思考,反而在感情之對待,會改變情性,在事業上衝鋒陷陣,回到家中溫柔體貼,到家中面對老婆,會以老婆說了算。

論財庫、財祿方位

5 為尾數者: 財祿方位在東南南之方位,在此方位放上有朝氣的盆栽或聚寶盆,有招財、守財的功能。配合在東北北方或西南南方的地方放上雄赳赳氣昂昂的馬,有加速的功效。

論工作、事業

5 為末碼者: 常深思熟慮,考慮過多,而失去一些機會,也常自我設限,工作不易變動,穩定性高。適合心靈導師與宗教、神學有緣,能保有一技之長之工作性質,也能在土木建築上發揮專長,也適合固定性、穩定性軍警、公務之事業。

7 為末第二碼者: 可從適資訊服務業、網際網路、媒體傳播、電腦工程師,鐵器、五金行、業務行銷、通路商之行業。

論財運、機會

7 能靠自己的實力賺錢,敢衝,喜歡賺大錢,最好一次全部入口袋,但有財無庫,易財來財去,阿沙力,喜歡以戰功論賞。宜將現金轉為房地產、土地,以土來鞏固金錢,方能守得住。

解讀婚姻、感情

末一碼數字為5者: 5 為高山、思想堅持己見、理性、不好溝通,對於所愛的人,不會主動展開追求,不會採取行動,只有等待,感覺不對,就會踩剎煞車,常讓對方覺得不浪漫、不懂得情趣。男命較無法了解另一半的想法。女命者想要有穩定的感情。

末二碼數字為 7 男命者: 會為愛放棄工作機會,但也因有對方的鼓勵,而變得魅力十足。

末二碼數字為 7 女命者: 戀愛時是迷失的,且小鳥依人,但結了婚後,反而霸氣十足。

論身體、疾病

5 為末碼者: 關節炎、頸椎,脖子易酸痛、五十肩、脊椎易側彎異位,皮膚乾燥。

7 為末第二碼者: 易感冒、頭暈、咳嗽、食道易發炎紅腫,骨頭關節酸痛、便秘。

求貴人、方位

5 為末碼者: 貴人為屬牛的人,或姓名字根有丑、紐、牛、己、二的人,方位東北方為其貴人方。

7 為末第二碼者: 貴人為屬羊的人,或姓名字根屬朱、未、己、八、土者,方位西南方為其貴人方。

車牌、門牌、身份證、手機後二碼
76

心態、個性、人際關係

6 為末碼者： 平易近人、沒有架子、不懂拒絕別人，是爛好人的一種。內心世界是多彩多姿的，懂得利用時間學習才藝，充實內在的生活，知道人生的去向，了解世界局勢，懂得累積能量，在必要時釋放出好的能量、磁場，給予團隊新的點子。

7 為末第二碼者： 要就來大得，不要就走人，7 行事有魄力，但欠缺思考，反而在感情之對待，會改變情性，在事業上衝鋒陷陣，回到家中溫柔體貼，到家中面對老婆，會以老婆說了算。

論財庫、財祿方位

6 為尾數者： 財祿方位在正南之方位，在此方位放上有朝氣的盆栽或聚寶盆，有招財、守財的功能。配合在正北方或西南西方的地方放上雄赳赳氣昂昂的馬，有加速的功效。

論工作、事業

6 為末碼者：平易近人、穩定性高，適合門市、內勤、人際關係之事業、服務業、宗教用品，也適合教化、教育工作者。

7 為末第二碼者：可從適資訊服務業、網際網路、媒體傳播、電腦工程師，鐵器、五金行、業務行銷、通路商之行業。

論財運、機會

7 能靠自己的實力賺錢，敢衝，喜歡賺大錢，最好一次全部入口袋，但有財無庫，易財來財去，阿沙力，喜歡以戰功論賞。宜將現金轉為房地產、土地，以土來鞏固金錢，方能守得住。

解讀婚姻、感情

末一碼數字為 6 者：6 為平原、平易近人，得到很多的粉絲及追求者，但也常感情而陷入迷失當中，而無法自拔，雖然是被動，但不懂得拒絕，而產生糾纏；宜多聽從長輩的建議，會有更良好的結果。

末二碼數字為 7 男命者: 會為愛放棄工作機會,但也因有對方的鼓勵,而變得魅力十足。

末二碼數字為 7 女命者: 戀愛時是迷失的,且小鳥依人,但結了婚後,反而霸氣十足。

論身體、疾病

6 為末碼者: 皮膚易長溼疹、青春痘、肌肉酸痛,喜歡吃白飯、喝熱湯,支氣管不佳。

7 為末第二碼者: 易感冒、頭暈、咳嗽、食道易發炎紅腫,骨頭關節酸痛、便秘。

求貴人、方位

6 為末碼者: 貴人為屬鼠的人,或姓名字根有子、水、一的人,方位北方為其貴人方。

7 為末第二碼者: 貴人為屬羊的人,或姓名字根屬朱、未、己、八、土者,方位西南方為其貴人方。

車牌、門牌、身份證、手機後二碼
77

心態、個性、人際關係

7 為末碼者: 有改革的氣魄,在金融界,可發揮長才,得用時,更可將事業版圖拓展到另一個層面、風行天下,創造未來,未來黃金十年,知道智慧財,比勞力財來的重要,所以會轉戰自己熟悉的領域。

7 為末第二碼者: 要就來大得,不要就走人,7行事有魄力,但欠缺思考,反而在感情之對待,會改變情性,在事業上衝鋒陷陣,回到家中溫柔體貼,到家中面對老婆,會以老婆說了算。

論財庫、財祿方位

7 為尾數者: 財祿方位在西南西之方位,在此方位放上有朝氣的盆栽或聚寶盆,有招財、守財的功能。配合在西南南方或東北北方的地方放上雄赳赳氣昂昂的馬,有加速的功效。

論工作、事業

7 為末碼者:行動派,有如將軍作戰,主動積極、野心大,要就來大的,沒有大的就不想表現,但也易半途而廢,能獨當一面,到遠方開闢疆土,也為老闆、主管之格局有改革的魄力及決心,但也常一意孤行,而產生挫折。

7 為末第二碼者:可從適資訊服務業、網際網路、媒體傳播、電腦工程師,鐵器、五金行、業務行銷、通路商之行業。

論財運、機會

7 能靠自己的實力賺錢,敢衝,喜歡賺大錢,最好一次全部入口袋,但有財無庫,易財來財去,阿沙力,喜歡以戰功論賞。宜將現金轉為房地產、土地,以土來鞏固金錢,方能守得住。

解讀婚姻、感情

末第一碼數字為 7 者:對所愛之人,相當有責任感,會為對方改變直接、好勝的個性,雖是大男人、大女人,但遇到感情卻變得進退不果。

末二碼數字為 7 男命者:會為愛放棄工作機會,但也因有對方的鼓勵,而變得魅力十足。

末二碼數字為7女命者:戀愛時是迷失的,且小鳥依人,但結了婚後,反而霸氣十足。

論身體、疾病

7為末碼者: 7為陽金,主動,易頭暈,為呼吸道、氣管之相關問題,有過敏性鼻炎及喉嚨騷癢,易咳嗽。

7為末第二碼者: 易感冒、頭暈、咳嗽、食道易發炎紅腫,骨頭關節酸痛、便秘。

求貴人、方位

7為末碼者:貴人為屬牛的人,或姓名字根有丑、紐、牛、己、二的人,方位東北方為其貴人方。

7為末第二碼者: 貴人為屬羊的人,或姓名字根屬朱、未、己、八、土者,方位西南方為其貴人方。

車牌、門牌、身份證、手機後二碼
78

心態、個性、人際關係

8 為末碼者：外表貴氣，無行動力，重感覺、愛幻想，力道不足，所以會像雲霧一樣膠著，所以 8 辛金之人碰到問題，就會往宗教裡去尋求解脫，和心靈層次的成長，在冥想、靜心當中，開啟智慧的寶庫。

7 為末第二碼者：要就來大得，不要就走人，7 行事有魄力，但欠缺思考，反而在感情之對待，會改變情性，在事業上衝鋒陷陣，回到家中溫柔體貼，到家中面對老婆，會以老婆說了算。

論財庫、財祿方位

8 為尾數者：財祿方位在正西之方位，在此方位放上有朝氣的盆栽或聚寶盆，有招財、守財的功能。配合在正南方或東北東方的地方放上雄赳赳氣昂昂的馬，有加速的功效。

論工作、事業

7 為末第二碼者： 可從適資訊服務業、網際網路、媒體傳播、電腦工程師，鐵器、五金行、業務行銷、通路商之行業。

8 為末碼者： 人緣好、人際關係佳，有貴氣，適合金融業、珠寶買賣、古董家具、手工藝品、美容師、美髮師，以口為業，如美食、餐廳、小吃，業務性質、老師、補習班、仲介業、24 小時便利商、人際關係之事業，也與宗教、心靈有關係。

論財運、機會

7 能靠自己的實力賺錢，敢衝，喜歡賺大錢，最好一次全部入口袋，但有財無庫，易財來財去，阿沙力，喜歡以戰功論賞。宜將現金轉為房地產、土地，以土來鞏固金錢，方能守得住。

解讀婚姻、感情

末一碼數字為 8 者： 在意每次約會的氣氛、感覺，也在意對方的心態感受，但也因太在意感覺，而讓對方難以適應。記得：不要因王子病或公主病，而失去美好的感情。

末二碼數字為7 男命者: 會為愛放棄工作機會,但也因有對方的鼓勵,而變得魅力十足。

末二碼數字為7 女命者: 戀愛時是迷失的,且小鳥依人,但結了婚後,反而霸氣十足。

論身體、疾病

8 為末碼者: 8為辛金、二氧化碳,食道發炎,主因胃酸過多引起腸胃之疾。

7 為末第二碼者: 易感冒、頭暈、咳嗽、食道易發炎紅腫,骨頭關節酸痛、便秘。

求貴人、方位

8 為末碼者: 貴人為屬虎的人,或姓名字根有寅、木、虎、獻、卢、三的人,方位東北為其貴人方。

7 為末第二碼者: 貴人為屬羊的人,或姓名字根屬朱、未、己、八、土者,方位西南方為其貴人方。

車牌、門牌、身份證、手機後二碼
79

心態、個性、人際關係

9 為末碼者: 機巧、靈敏、動作敏捷、快速,是這個時代的產物,他勇於表現自己,推銷自己,善於掌握時機點,讓自己加分、得利。在這樣物質不缺的年代,有可能上台下台,只是一瞬間,變化太快了,沒有足夠的根基,很容易淘汰下來, 瞬間化為烏有。

7 為末第二碼者: 要就來大得,不要就走人,7 行事有魄力,但欠缺思考,反而在感情之對待,會改變情性,在事業上衝鋒陷陣,回到家中溫柔體貼,到家中面對老婆,會以老婆說了算。

論財庫、財祿方位

7 為尾數者:財祿方位在西南西之方位,在此方位放上有朝氣的盆栽或聚寶盆,有招財、守財的功能。配合在西南南方或東北北方的地方放上雄赳赳氣昂昂的馬,有加速的功效。

論工作、事業

9 為末碼者: 主動積極、持續力強,很好的業務拓展人才,適合旅遊業、運輸業、進口貿易、喪葬禮儀,命理、五術、諮詢,保險業、土地開發、代書、八大行業,律師、老師、言論工作者,水療養生、演藝事業。

7 為末第二碼者: 可從適資訊服務業、網際網路、媒體傳播、電腦工程師,鐵器、五金行、業務行銷、通路商之行業。

論財運、機會

7 能靠自己的實力賺錢,敢衝,喜歡賺大錢,最好一次全部入口袋,但有財無庫,易財來財去,阿沙力,喜歡以戰功論賞。宜將現金轉為房地產、土地,以土來鞏固金錢,方能守得住。

解讀婚姻、感情

末一碼數字為 9 者,男女同論: 對喜歡的人,勇於追求表達心中的愛,能言善道,而擄獲對方的心,異性緣佳,對方會主動放低門檻,讓您得到機會;但遇到挫折,容易嫉妒、破壞,讓對方億感壓力重重。宜改用祝福對方的方式,才能使您未來的緣份更深厚,更永固。

末二碼數字為 7 男命者：會為愛放棄工作機會，但也因有對方的鼓勵，而變得魅力十足。

末二碼數字為 7 女命者：戀愛時是迷失的，且小鳥依人，但結了婚後，反而霸氣十足。

論身體、疾病

9 為末碼者：腦神經衰弱、睡不著、焦慮、易有幻覺、及內耳膜失衡。

7 為末第二碼者：易感冒、頭暈、咳嗽、食道易發炎紅腫，骨頭關節酸痛、便秘。

求貴人、方位

9 為末碼者：貴人為屬兔的人，或姓名字根有卯、柳、卿、艹、乙、四的人，方位東方為其貴人方。

7 為末第二碼者：貴人為屬羊的人，或姓名字根屬朱、未、己、八、土者，方位西南方為其貴人方。

車牌、門牌、身份證、手機後二碼
80

心態、個性、人際關係

0 為末碼者： 逆向思考，反向操作，學習學術，懂得天地之間、宇宙萬物陰陽交媾，合和為一之事，像隱藏在黑夜裡窺探的眼睛，了解冥冥之中，有一股力量在主宰著。

8 為末第二碼者： 為貴重的金飾，經過精心雕琢的鑽石、珠寶，氣質非凡；遇到9壬水，可洗滌8辛金之濁氣、汙垢，讓8辛金更美、更有貴氣，也能將幻想付之行動。

論財庫、財祿方位

0 為尾數者： 財祿方位在正北之方位，在此方位放上有朝氣的盆栽或聚寶盆，有招財、守財的功能。配合在東南南或正東方的地方放上雄赳赳氣昂昂的馬，有加速的功效。

論工作、事業

0為末碼者: 人際、人緣佳,語文工作者、律師、談判專家、客服專員、人力仲介、汽車修護廠、保險業、資訊業、廣告設計、補給、物流,總機、冷飲、飲料、果汁、門市、百貨銷售、宗教、禮儀用品之行業。

8為末第二碼者: 口條好,適合語文、電信業、總機、電話行銷、小飾品、珠寶、水果、冰冷之產品飲料,寶塔經銷業務,心靈成長教師。

論財運、機會

8可得貴人生財,得財容易,但賺錢以感覺為主,感覺對賺多或賺少隨緣,感覺不對,再多也不賺。8辛金的人重朋友、重感覺,常為朋友兄弟損耗金錢,最好能用定期保險儲存現金保值。

解讀婚姻、感情

末一碼數字為0者: 異性緣佳、佔有慾強,能為所愛的人付出一切,但發現對方不專情時,易有玉石俱焚的現象,在感情世界,忽晴忽雨,很難讓對方了解,也唯有真誠的對待、溝通,緣份才能長長久久。

末第二碼數字為8男命者:因走入婚姻,反而變得更有自信,也因另一半的出現,而得到江山。

末第二碼數字為8女命者:常因為愛讓對方消極等待,也因有了愛,而讓自己變得美麗動人,且是金錢、婚姻雙雙得利。

論身體、疾病

0為末碼者: 易幻想、幻聽、腦神經衰弱、睡不著、常作惡夢、口腔破、下巴易有疤痕。

8為末第二碼者: 易頭暈、氣喘、咳嗽、及肺部支氣管、食道之疾病。

求貴人、方位

0為末碼者: 貴人為屬蛇的人,或姓名字根屬巳、虫、它、日、火、丙、六的人,方位東南方為其貴人方。

8為末第二碼者: 貴人為屬馬的人,或姓名字根屬午、忄、心、馬、丁、七的人,方位南方為其貴人方。

車牌、門牌、身份證、手機後二碼 81

心態、個性、人際關係

1 為末碼者: 老練、沉穩、顧家、體力、耐力都比一般人強，又具備了領導統禦的心性，為老闆的格局。知道在哪個點、線、面，要如何發揮自身的功能。

8 為末第二碼者: 為貴重的金飾，經過精心雕琢的鑽石、珠寶，氣質非凡；遇到 9 壬水，可洗滌 8 辛金之濁氣、汙垢，讓 8 辛金更美、更有貴氣，也能將幻想付之行動。

論財庫、財祿方位

1 為尾數者: 財祿方位在東北東之方位，在此方位放上有朝氣的盆栽或聚寶盆，有招財、守財的功能。配合在西南南方或東北北方的地方放上雄赳赳氣昂昂的馬，有加速的功效。

論工作、事業

1 為末碼者: 為開創之格局、能無中生有，是一位主管、老闆之格局，是行動派、積極、有創意，也為導引性、流通性之行業。

作屬木、行銷之行業,如同順水推舟,事半功倍。

8 為末第二碼者: 口條好,適合語文、電信業、總機、電話行銷、小飾品、珠寶、水果、冰冷之產品飲料,寶塔經銷業務,心靈成長教師。

論財運、機會

8 可得貴人生財,得財容易,但賺錢以感覺為主,感覺對賺多或賺少隨緣,感覺不對,再多也不賺。8 辛金的人重朋友、重感覺,常為朋友兄弟損耗金錢,最好能用定期保險儲存現金保值。

解讀婚姻、感情

末一碼數字為 1 的男子: 主動積極、人緣好而引來桃花,非常得有異性緣,但由於 1 是指標性人物,老闆、王者之心態,覺得女朋友多可突顯自己的能力,而較無法讓女朋友或老婆有安全感。

1 為開創、會無中生有,產生魅力,而成為異性追求的目標。

末一碼數字為 1 的女子: 屬於職業婦女之型態,因 1 是主管、指標性人物,喜歡掌權,個性強勢,喜歡說了就算,容易與家人發生口角、衝突,所以感情易不順遂,在感情的抉擇上,不會優柔寡斷,不會主動表白心中的愛,一旦對方對自己不忠心,會立即做決定處理,六親緣薄,宜懂得以柔來剋剛,甜言

蜜語，才能有更好的姻緣。

末第二碼數字為 8 男命者：因走入婚姻，反而變得更有自信，也因另一半的出現，而得到江山。

末第二碼數字為 8 女命者：常因為愛讓對方消極等待，也因有了愛，而讓自己變得美麗動人，且是金錢、婚姻雙雙得利。

論身體、疾病

1 為末碼者：易有手部之疾，手的循環及肩的循環差，肩骨酸痛。

8 為末第二碼者：易頭暈、氣喘、咳嗽、及肺部支氣管、食道之疾病。

求貴人、方位

1 為末碼者：貴人為屬羊的人，或姓名字根屬朱、未、己、八、土者，方位西南方為其貴人方。

8 為末第二碼者：貴人為屬馬的人，或姓名字根屬午、忄、心、馬、丁、七的人，方位南方為其貴人方。

車牌、門牌、身份證、手機後二碼 8 2

心態、個性、人際關係

2為末碼者: 能借力使力的往上攀岩,又會暗中察言觀察,遇到困難會求助身旁的人,自我調適得宜,因為2乙木過不了冬天,遇寒氣重時,很容易受傷,所以必須緊攀著1甲木的樹幹往上爬。

8為末第二碼者: 為貴重的金飾,經過精心雕琢的鑽石、珠寶,氣質非凡;遇到9壬水,可洗滌8辛金之濁氣、汙垢,讓8辛金更美、更有貴氣,也能將幻想付之行動。

論財庫、財祿方位

2為尾數者: 財祿方位在正東之方位,在此方位放上有朝氣的盆栽或聚寶盆,有招財、守財的功能。配合在正北方或西南西方的地方放上雄赳赳氣昂昂的馬,有加速的功效。

論工作、事業

2 為末碼者: 為幕僚、企劃、扶佐、企業管理人才,適合招兵買馬、借力使力、人際關係、連鎖加盟之行業,及文化事業、出版、編輯、門市買賣之行業。

論財運、機會

8 可得貴人生財,得財容易,但賺錢以感覺為主,感覺對賺多或賺少隨緣,感覺不對,再多也不賺。8 辛金的人重朋友、重感覺,常為朋友兄弟損耗金錢,最好能用定期保險儲存現金保值。

解讀婚姻、感情

末一碼數字為 2 者: 對於所愛的人,會勇於表達主動追求,當目標追求不到時,也易死纏不放。男命佔有慾強,不容易滿足現況,也容易見風轉舵,常常不能了解另一半想些什麼,有溝通不良的現象。

女命會為另一半改變個性,屬嫁雞隨雞、嫁狗隨狗的心態、個性。

末第二碼數字為 8 男命者: 因走入婚姻,反而變得更有自信,也因另一半的出現,而得到江山。

末第二碼數字為8女命者: 常因為愛讓對方消極等待,也因有了愛,而讓自己變得美麗動人,且是金錢、婚姻雙雙得利。

論身體、疾病

2為末碼者: 2為後天之天機星,也主風,易有鼻病,風力不足時無法將血氣打到頭病,所以頭部缺氧而頭暈。

8為末第二碼者: 易頭暈、氣喘、咳嗽、及肺部支氣管、食道之疾病。

求貴人、方位

2為末碼者: 貴人為屬猴的人,或姓名字根屬申、紳、九的人,方位西南方為其貴人方。

8為末第二碼者: 貴人為屬馬的人,或姓名字根屬午、卜、心、馬、丁、七的人,方位南方為其貴人方。

車牌、門牌、身份證、手機後二碼 83

心態、個性、人際關係

3 為末碼者：是熱情的、感性的、主動、好客，也是躁動的，因為想幫助人，釋放出熱情的能量，所以他的一舉一動會容易引人注意，如政治人物、偶像團體…等，樂天知命，懂的化阻力為助力的人。

8 為末第二碼者：為貴重的金飾，經過精心雕琢的鑽石、珠寶，氣質非凡；遇到 9 壬水，可洗滌 8 辛金之濁氣、汙垢，讓 8 辛金更美、更有貴氣，也能將幻想付之行動。

論財庫、財祿方位

3 為尾數者：財祿方位在東南南之方位，在此方位放上有朝氣的盆栽或聚寶盆，有招財、守財的功能。配合在正西方的地方放上雄赳赳氣昂昂的馬，有加速的功效。

論工作、事業

3 為末碼者: 適合公眾之人物、知名人物、政治家、企業家、生產、開創、製造,能靠品牌行銷海外各地,名氣望,也易引來是非、訴訟、爭執,宜低調行事,才能避免不必要的是非。

8 為末第二碼者: 口條好,適合語文、電信業、總機、電話行銷、小飾品、珠寶、水果、冰冷之產品飲料,寶塔經銷業務,心靈成長教師。

論財運、機會

8 可得貴人生財,得財容易,但賺錢以感覺為主,感覺對賺多或賺少隨緣,感覺不對,再多也不賺。8 辛金的人重朋友、重感覺,常為朋友兄弟損耗金錢,最好能用定期保險儲存現金保值。

解讀婚姻、感情

末一碼為 3 的男命: 本身名聲、地位、知名度都很高,但一進入感情,就如同眼睛被雲霧遮住,只愛美人不愛江山,同時也希望公開得到眾人的祝福。

末一碼數字為3的女命：會為感情付出一切，也會為愛來放棄一切，追求所愛，一旦進入婚姻，常常因另一半情緒起伏很大，忽晴忽雨，有時讓對方無法招架。

末第二碼數字為8男命者：因走入婚姻，反而變得更有自信，也因另一半的出現，而得到江山。

末第二碼數字為8女命者：常因為愛讓對方消極等待，也因有了愛，而讓自己變得美麗動人，且是金錢、婚姻雙雙得利。

論身體、疾病

3為末碼者：心火大、眼壓高，易有近視散光，也易得眼疾，額頭易有疤痕。

8為末第二碼者：易頭暈、氣喘、咳嗽、及肺部支氣管、食道之疾病。

求貴人、方位

3為末碼者及末第二碼者：貴人為屬雞的人，或姓名字根屬酉、隹、羽、辛、十的人，方位西方或東南方為其貴人方。

8為末第二碼者：貴人為屬馬的人，或姓名字根屬午、卜、心、馬、丁、七的人，方位南方為其貴人方。

車牌、門牌、身份證、手機後二碼
8 4

心態、個性、人際關係

4 為末碼者： 對週遭環境的敏銳性、和變化度，是具有一般人沒有的張力與耐力，喜歡將自己隱藏在都市裡，過著上班族的生活方式，也能喜歡將內心的感受化為力量，轉化為效率。

8 為末第二碼者： 為貴重的金飾，經過精心雕琢的鑽石、珠寶，氣質非凡；遇到 9 壬水，可洗滌 8 辛金之濁氣、汙垢，讓 8 辛金更美、更有貴氣，也能將幻想付之行動。

論財庫、財祿方位

4 為尾數者： 財祿方位在正南之方位，在此方位放上有朝氣的盆栽或聚寶盆，有招財、守財的功能。配合在正西方或西北北方的地方放上雄赳赳氣昂昂的馬，有加速的功效。

論工作、事業

4 為末碼者: 做事業常猶豫不決、優柔寡斷，沒有安全感，較無法有效開拓市場，但能守成，適合內部管理、內部主管之格局，行政管理，做事重視效率、結果，常用績效作為管理。

8 為末第二碼者: 口條好，適合語文、電信業、總機、電話行銷、小飾品、珠寶、水果、冰冷之產品飲料，寶塔經銷業務，心靈成長教師。

論財運、機會

8 可得貴人生財，得財容易，但賺錢以感覺為主，感覺對賺多或賺少隨緣，感覺不對，再多也不賺。8 辛金的人重朋友、重感覺，常為朋友兄弟損耗金錢，最好能用定期保險儲存現金保值。

解讀婚姻、感情

末一碼數字為4 者: 多才多藝，而讓另一半著迷，不在意對方的穿著，只在意感覺，常以感覺來衡量愛的多少，當對方稍為有點冷淡時，就覺得對方不再愛他了。

男命: 常讓另一半壓力重重，因為4 自身對愛沒有安全感，而老是調查對方的行蹤，讓對方相當困擾。

女命：常常為了愛情，而氣的流眼淚，因為對方在意的是事業，認為麵包比愛情更為重要。

末第二碼數字為 8 男命者：因走入婚姻，反而變得更有自信，也因另一半的出現，而得到江山。

末第二碼數字為 8 女命者：常因為愛讓對方消極等待，也因有了愛，而讓自己變得美麗動人，且是金錢、婚姻雙雙得利。

論身體、疾病

4 為末碼者：眼睛常佈滿血絲，常眼紅，視力不佳，火氣大、脾氣暴躁。

8 為末第二碼者：易頭暈、氣喘、咳嗽、及肺部支氣管、食道之疾病。

求貴人、方位

4 為末碼者：貴人為屬豬的人，或姓名字根屬亥、家、毅、壬、九的人，方位西北方為其貴人方。

8 為末第二碼者：貴人為屬馬的人，或姓名字根屬午、忄、心、馬、丁、七的人，方位南方為其貴人方。

車牌、門牌、身份證、手機後二碼 85

心態、個性、人際關係

5 為末碼者： 喜愛孤獨、思想沈寂、被動式的和人互動，在職場上精明與幹練，與同事間也合作無間，喜愛日出而作，日落而息的生活方式，下班後，工作與生活是分開的，喜歡與大自然為伍，用心體會四季的變化與更迭，享受自己寧靜的生活，不被打擾。

8 為末第二碼者： 為貴重的金飾，經過精心雕琢的鑽石、珠寶，氣質非凡；遇到 9 壬水，可洗滌 8 辛金之濁氣、汙垢，讓 8 辛金更美、更有貴氣，也能將幻想付之行動。

論財庫、財祿方位

5 為尾數者： 財祿方位在東南南之方位，在此方位放上有朝氣的盆栽或聚寶盆，有招財、守財的功能。配合在東北北方或西南南方的地方放上雄赳赳氣昂昂的馬，有加速的功效。

論工作、事業

5 為末碼者: 常深思熟慮,考慮過多,而失去一些機會,也常自我設限,工作不易變動,穩定性高。適合心靈導師與宗教、神學有緣,能保有一技之長之工作性質,也能在土木建築上發揮專長,也適合固定性、穩定性軍警、公務之事業。

8 為末第二碼者: 口條好,適合語文、電信業、總機、電話行銷、小飾品、珠寶、水果、冰冷之產品飲料,寶塔經銷業務,心靈成長教師。

論財運、機會

8 可得貴人生財,得財容易,但賺錢以感覺為主,感覺對賺多或賺少隨緣,感覺不對,再多也不賺。8 辛金的人重朋友、重感覺,常為朋友兄弟損耗金錢,最好能用定期保險儲存現金保值。

解讀婚姻、感情

末一碼數字為 5 者: 5 為高山、思想堅持己見、理性、不好溝通,對於所愛的人,不會主動展開追求,不會採取行動,只有等待,感覺不對,就會踩剎煞車,常讓對方覺得不浪漫、不懂得情趣。男命較無法了解另一半的想法。女命者想要有穩定的感情。

末第二碼數字為8男命者: 因走入婚姻，反而變得更有自信，也因另一半的出現，而得到江山。

末第二碼數字為8女命者: 常因為愛讓對方消極等待，也因有了愛，而讓自己變得美麗動人，且是金錢、婚姻雙雙得利。

論身體、疾病

5為末碼者: 關節炎、頸椎，脖子易酸痛、五十肩、脊椎易側彎異位，皮膚乾燥。

8為末第二碼者: 易頭暈、氣喘、咳嗽、及肺部支氣管、食道之疾病。

求貴人、方位

5為末碼者: 貴人為屬牛的人，或姓名字根有丑、紐、牛、己、二的人，方位東北方為其貴人方。

8為末第二碼者: 貴人為屬馬的人，或姓名字根屬午、卜、心、馬、丁、七的人，方位南方為其貴人方。

車牌、門牌、身份證、手機後二碼
8 6

心態、個性、人際關係

6 為末碼者： 平易近人、沒有架子、不懂拒絕別人，是爛好人的一種。內心世界是多彩多姿的，懂得利用時間學習才藝，充實內在的生活，知道人生的去向，了解世界局勢，懂得累積能量，在必要時釋放出好的能量、磁場，給予團隊新的點子。

8 為末第二碼者： 為貴重的金飾，經過精心雕琢的鑽石、珠寶，氣質非凡；遇到 9 壬水，可洗滌 8 辛金之濁氣、汙垢，讓 8 辛金更美、更有貴氣，也能將幻想付之行動。

論財庫、財祿方位

6 為尾數者： 財祿方位在正南之方位，在此方位放上有朝氣的盆栽或聚寶盆，有招財、守財的功能。配合在正北方或西南西方的地方放上雄赳赳氣昂昂的馬，有加速的功效。

論工作、事業

6 為末碼者: 平易近人、穩定性高,適合門市、內勤、人際關係之事業、服務業、宗教用品,也適合教化、教育工作者。

8 為末第二碼者: 口條好,適合語文、電信業、總機、電話行銷、小飾品、珠寶、水果、冰冷之產品飲料,寶塔經銷業務,心靈成長教師。

論財運、機會

8 可得貴人生財,得財容易,但賺錢以感覺為主,感覺對賺多或賺少隨緣,感覺不對,再多也不賺。8 辛金的人重朋友、重感覺,常為朋友兄弟損耗金錢,最好能用定期保險儲存現金保值。

解讀婚姻、感情

末一碼數字為 6 者: 6 為平原、平易近人,得到很多的粉絲及追求者,但也常感情而陷入迷失當中,而無法自拔,雖然是被動,但不懂得拒絕,而產生糾纏;宜多聽從長輩的建議,會有更良好的結果。

末第二碼數字為8男命者：因走入婚姻，反而變得更有自信，也因另一半的出現，而得到江山。

末第二碼數字為8女命者：常因為愛讓對方消極等待，也因有了愛，而讓自己變得美麗動人，且是金錢、婚姻雙雙得利。

論身體、疾病

6為末碼者：皮膚易長溼疹、青春痘、肌肉酸痛，喜歡吃白飯、喝熱湯，支氣管不佳。

8為末第二碼者：易頭暈、氣喘、咳嗽、及肺部支氣管、食道之疾病。

求貴人、方位

6為末碼者：貴人為屬鼠的人，或姓名字根有子、水、一的人，方位北方為其貴人方。

8為末第二碼者：貴人為屬馬的人，或姓名字根屬午、卜、心、馬、丁、七的人，方位南方為其貴人方。

車牌、門牌、身份證、手機後二碼
87

心態、個性、人際關係

7 為末碼者：有改革的氣魄，在金融界，可發揮長才，得用時，更可將事業版圖拓展到另一個層面、風行天下，創造未來，未來黃金十年，知道智慧財，比勞力財來的重要，所以會轉戰自己熟悉的領域。

8 為末第二碼者：為貴重的金飾，經過精心雕琢的鑽石、珠寶，氣質非凡；遇到 9 壬水，可洗滌 8 辛金之濁氣、汙垢，讓 8 辛金更美、更有貴氣，也能將幻想付之行動。

論財庫、財祿方位

7 為尾數者：財祿方位在西南西之方位，在此方位放上有朝氣的盆栽或聚寶盆，有招財、守財的功能。配合在西南南方或東北北方的地方放上雄赳赳氣昂昂的馬，有加速的功效。

論工作、事業

7 為末碼者: 行動派，有如將軍作戰，主動積極、野心大，要就來大的，沒有大的就不想表現，但也易半途而廢，能獨當一面，到遠方開闢疆土，也為老闆、主管之格局有改革的魄力及決心，但也常一意孤行，而產生挫折。

8 為末第二碼者: 口條好，適合語文、電信業、總機、電話行銷、小飾品、珠寶、水果、冰冷之產品飲料，寶塔經銷業務，心靈成長教師。

論財運、機會

8 可得貴人生財，得財容易，但賺錢以感覺為主，感覺對賺多或賺少隨緣，感覺不對，再多也不賺。8 辛金的人重朋友、重感覺，常為朋友兄弟損耗金錢，最好能用定期保險儲存現金保值。

解讀婚姻、感情

末第一碼數字為 7 者: 對所愛之人，相當有責任感，會為對方改變直接、好勝的個性，雖是大男人、大女人，但遇到感情卻變得進退不果。

末第二碼數字為8男命者：因走入婚姻，反而變得更有自信，也因另一半的出現，而得到江山。

末第二碼數字為8女命者：常因為愛讓對方消極等待，也因有了愛，而讓自己變得美麗動人，且是金錢、婚姻雙雙得利。

論身體、疾病

7為末碼者：7為陽金，主動，易頭暈，為呼吸道、氣管之相關問題，有過敏性鼻炎及喉嚨騷癢，易咳嗽。

8為末第二碼者：易頭暈、氣喘、咳嗽、及肺部支氣管、食道之疾病。

求貴人、方位

7為末碼者：貴人為屬牛的人，或姓名字根有丑、紐、牛、己、二的人，方位東北方為其貴人方。

8為末第二碼者：貴人為屬馬的人，或姓名字根屬午、卜、心、馬、丁、七的人，方位南方為其貴人方。

車牌、門牌、身份證、手機後二碼
88

心態、個性、人際關係

8為末碼者： 外表貴氣，無行動力，重感覺、愛幻想，力道不足，所以會像雲霧一樣膠著，所以8辛金之人碰到問題，就會往宗教裡去尋求解脫，和心靈層次的成長，在冥想、靜心當中，開啟智慧的寶庫。

8為末第二碼者： 為貴重的金飾，經過精心雕琢的鑽石、珠寶，氣質非凡；遇到9壬水，可洗滌8辛金之濁氣、汙垢，讓8辛金更美、更有貴氣，也能將幻想付之行動。

論財庫、財祿方位

8為尾數者： 財祿方位在正西之方位，在此方位放上有朝氣的盆栽或聚寶盆，有招財、守財的功能。配合在正南方或東北東方的地方放上雄赳赳氣昂昂的馬，有加速的功效。

論工作、事業

8為末碼者: 人緣好、人際關係佳,有貴氣,適合金融業、珠寶買賣、古董家具、手工藝品、美容師、美髮師,以口為業,如美食、餐廳、小吃,業務性質、老師、補習班、仲介業、24小時便利商、人際關係之事業,也與宗教、心靈有關係。

8為末第二碼者: 口條好,適合語文、電信業、總機、電話行銷、小飾品、珠寶、水果、冰冷之產品飲料,寶塔經銷業務,心靈成長教師。

論財運、機會

8可得貴人生財,得財容易,但賺錢以感覺為主,感覺對賺多或賺少隨緣,感覺不對,再多也不賺。8辛金的人重朋友、重感覺,常為朋友兄弟損耗金錢,最好能用定期保險儲存現金保值。

解讀婚姻、感情

末一碼數字為8者: 在意每次約會的氣氛、感覺,也在意對方的心態感受,但也因太在意感覺,而讓對方難以適應。記得:不要因王子病或公主病,而失去美好的感情。

末第二碼數字為8男命者: 因走入婚姻,反而變得更有自信,也因另一半的出現,而得到江山。

末第二碼數字為8女命者: 常因為愛讓對方消極等待,也因有了愛,而讓自己變得美麗動人,且是金錢、婚姻雙雙得利。

論身體、疾病

8為末碼者: 8為辛金、二氧化碳,食道發炎,主因胃酸過多引起腸胃之疾。

8為末第二碼者: 易頭暈、氣喘、咳嗽、及肺部支氣管、食道之疾病。

8為末碼者: 貴人為屬虎的人,或姓名字根有寅、木、虎、獻、卢、三的人,方位東北為其貴人方。

8為末第二碼者: 貴人為屬馬的人,或姓名字根屬午、卜、心、馬、丁、七的人,方位南方為其貴人方。

車牌、門牌、身份證、手機後二碼 89

心態、個性、人際關係

9 為末碼者： 機巧、靈敏、動作敏捷、快速，是這個時代的產物，他勇於表現自己，推銷自己，善於掌握時機點，讓自己加分、得利。在這樣物質不缺的年代，有可能上台下台，只是一瞬間，變化太快了，沒有足夠的根基，很容易淘汰下來，瞬間化為烏有。

8 為末第二碼者： 為貴重的金飾，經過精心雕琢的鑽石、珠寶，氣質非凡；遇到 9 壬水，可洗滌 8 辛金之濁氣、汙垢，讓 8 辛金更美、更有貴氣，也能將幻想付之行動。

論財庫、財祿方位

9 為尾數者： 財祿方位在西北北之方位，在此方位放上有朝氣的盆栽或聚寶盆，有招財、守財的功能。配合在正東方或東南南方的地方放上雄赳赳氣昂昂的馬，有加速的功效。

論工作、事業

9 為末碼者: 主動積極、持續力強,很好的業務拓展人才,適合旅遊業、運輸業、進口貿易、喪葬禮儀,命理、五術、諮詢,保險業、土地開發、代書、八大行業,律師、老師、言論工作者,水療養生、演藝事業。

8 為末第二碼者: 口條好,適合語文、電信業、總機、電話行銷、小飾品、珠寶、水果、冰冷之產品飲料,寶塔經銷業務,心靈成長教師。

論財運、機會

8 可得貴人生財,得財容易,但賺錢以感覺為主,感覺對賺多或賺少隨緣,感覺不對,再多也不賺。8 辛金的人重朋友、重感覺,常為朋友兄弟損耗金錢,最好能用定期保險儲存現金保值。

解讀婚姻、感情

末一碼數字為 9 者,男女同論: 對喜歡的人,勇於追求表達心中的愛,能言善道,而擄獲對方的心,異性緣佳,對方會主動放低門檻,讓您得到機會;但遇到挫折,容易嫉妒、破壞,讓對方備感壓力重重。宜改用祝福對方的方式,才能使您未來的緣份更深厚,更永固。

末第二碼數字為 8 男命者：因走入婚姻，反而變得更有自信，也因另一半的出現，而得到江山。

末第二碼數字為 8 女命者：常因為愛讓對方消極等待，也因有了愛，而讓自己變得美麗動人，且是金錢、婚姻雙雙得利。

論身體、疾病

9 為末碼者：腦神經衰弱、睡不著、焦慮、易有幻覺、及內耳膜失衡。

8 為末第二碼者：易頭暈、氣喘、咳嗽、及肺部支氣管、食道之疾病。

求貴人、方位

9 為末碼者：貴人為屬兔的人，或姓名字根有卯、柳、卿、卝、乙、四的人，方位東方為其貴人方。

8 為末第二碼者：貴人為屬馬的人，或姓名字根屬午、卜、心、馬、丁、七的人，方位南方為其貴人方。

車牌、門牌、身份證、手機後二碼 90

心態、個性、人際關係

0 為末碼者: 逆向思考,反向操作,學習學術,懂得天地之間、宇宙萬物陰陽交媾,合和為一之事,像隱藏在黑夜裡窺探的眼睛,了解冥冥之中,有一股力量在主宰著。

9 為末第二碼者: 善於侵伐,動作敏捷,進退之間掌握得很恰當,但卻怕低陷之地,一去將無法再回來了,此時叫天天不靈,叫地地不應。為人海派,也喜歡熱鬧。做每件事情,都要符合經濟效應。

論財庫、財祿方位

0 為尾數者: 財祿方位在正北之方位,在此方位放上有朝氣的盆栽或聚寶盆,有招財、守財的功能。配合在東南南或正東方的地方放上雄赳赳氣昂昂的馬,有加速的功效。

論工作、事業

0 為末碼者: 人際、人緣佳,語文工作者、律師、談判專家、客服專員、人力仲介、汽車修護廠、保險業、資訊業、廣告設計、補給、物流,總機、冷飲、飲料、果汁、門市、百貨銷售、宗教、禮儀用品之行業。

9 為末第二碼者: 研發、研究、著作立書,美術、書畫,言論發表,幕後研發人員,物流、通路商、批發商、業務開發之行業。

論財運、機會

9 適合業務、行銷、異路功名,能常得意外之助力而進財,也可藉由五術、命理、顧問得財。9 與 10 無法得人際財,朋友互動多,反易被劫財,宜防金錢往來,或將錢借予他人,即一去不回頭了。

解讀婚姻、感情

末一碼數字為 0 者: 異性緣佳、佔有慾強,能為所愛的人付出一切,但發現對方不專情時,易有玉石俱焚的現象,在感情世界,忽晴忽雨,很難讓對方了解,也唯有真誠的對待、溝通,緣份才能長長久久。

末第二碼數字為9男命者:有黏密的感情,但易沉溺在愛情的迷惘當中,也因有了愛,而有更亮麗的表現、成績。

末第二碼數字為9女命者:因有了愛情,而變得更美麗、動人,也因有了婚姻,而名利雙收;但宜防表現太過,而損了另一半的自尊,應以對方為主體,才不會奪夫權。

論身體、疾病

0為末碼者:易幻想、幻聽、腦神經衰弱、睡不著、常作惡夢、口腔破、下巴易有疤痕。

9為末第二碼者:腦神經衰弱、睡不著、易有幻覺、易多尿、拉肚子、泌尿系統及子宮之問題,腰酸、腳水腫。

求貴人、方位

0為末碼者:貴人為屬蛇的人,或姓名字根屬巳、虫、它、日、火、丙、六的人,方位東南方為其貴人方。

9為末第二碼者:貴人為屬蛇的人,或姓名字根屬巳、虫、它、日、火、丙、六的人,方位東南方為其貴人方。

車牌、門牌、身份證、手機後二碼 91

心態、個性、人際關係

1 為末碼者: 老練、沉穩、顧家、體力、耐力都比一般人強，又具備了領導統禦的心性，為老闆的格局。知道在哪個點、線、面，要如何發揮自身的功能。

9 為末第二碼者: 善於侵伐，動作敏捷，進退之間掌握得很恰當，但卻怕低陷之地，一去將無法再回來了，此時叫天天不靈，叫地地不應。為人海派，也喜歡熱鬧。做每件事情，都要符合經濟效應。

論財庫、財祿方位

1 為尾數者:財祿方位在東北東之方位，在此方位放上有朝氣的盆栽或聚寶盆，有招財、守財的功能。配合在西南南方或東北北方的地方放上雄赳赳氣昂昂的馬，有加速的功效。

論工作、事業

1 為末碼者:為開創之格局、能無中生有,是一位主管、老闆之格局,是行動派、積極、有創意,也為導引性、流通性之行業。作屬木、行銷之行業,如同順水推舟,事半功倍。

9 為末第二碼者:研發、研究、著作立書,美術、書畫,言論發表,幕後研發人員,物流、通路商、批發商、業務開發之行業。

論財運、機會

9 適合業務、行銷、異路功名,能常得意外之助力而進財,也可藉由五術、命理、顧問得財。9 與 10 無法得人際財,朋友互動多,反易被劫財,宜防金錢往來,或將錢借予他人,即一去不回頭了。

解讀婚姻、感情

末一碼數字為 1 的男子:主動積極、人緣好而引來桃花,非常得有異性緣,但由於 1 是指標性人物,老闆、王者之心態,覺得女朋友多可突顯自己的能力,而較無法讓女朋友或老婆有安全感。

1 為開創、會無中生有,產生魅力,而成為異性追求的目標。

末一碼數字為 1 的女子:屬於職業婦女之型態,因 1 是主管、

指標性人物，喜歡掌權，個性強勢，喜歡說了就算，容易與家人發生口角、衝突，所以感情易不順遂，在感情的抉擇上，不會優柔寡斷，不會主動表白心中的愛，一旦對方對自己不忠心，會立即做決定處理，六親緣薄，宜懂得以柔來剋剛，甜言蜜語，才能有更好的姻緣。

末第二碼數字為9男命者: 有黏密的感情，但易沉溺在愛情的迷惘當中，也因有了愛，而有更亮麗的表現、成績。

末第二碼數字為9女命者: 因有了愛情，而變得更美麗、動人，也因有了婚姻，而名利雙收；但宜防表現太過，而損了另一半的自尊，應以對方為主體，才不會奪夫權。

論身體、疾病

1為末碼者: 易有手部之疾，手的循環及肩的循環差，肩骨酸痛。

9為末第二碼者: 腦神經衰弱、睡不著、易有幻覺、易多尿、拉肚子、泌尿系統及子宮之問題，腰酸、腳水腫。

求貴人、方位

1為末碼者: 貴人為屬羊的人，或姓名字根屬朱、未、己、八、土者，方位西南方為其貴人方。

9為末第二碼者: 貴人為屬蛇的人，或姓名字根屬巳、虫、它、日、火、丙、六的人，方位東南方為其貴人方。

車牌、門牌、身份證、手機後二碼
9 2

心態、個性、人際關係

2 為末碼者: 能借力使力的往上攀岩,又會暗中察言觀察,遇到困難會求助身旁的人,自我調適得宜,因為2乙木過不了冬天,遇寒氣重時,很容易受傷,所以必須緊攀著1甲木的樹幹往上爬。

9 為末第二碼者: 善於侵伐,動作敏捷,進退之間掌握得很恰當,但卻怕低陷之地,一去將無法再回來了,此時叫天天不靈,叫地地不應。為人海派,也喜歡熱鬧。做每件事情,都要符合經濟效應。

論財庫、財祿方位

2 為尾數者: 財祿方位在正東之方位,在此方位放上有朝氣的盆栽或聚寶盆,有招財、守財的功能。配合在正北方或西南西方的地方放上雄赳赳氣昂昂的馬,有加速的功效。

論工作、事業

2 為末碼者：為幕僚、企劃、扶佐、企業管理人才，適合招兵買馬、借力使力、人際關係、連鎖加盟之行業，及文化事業、出版、編輯、門市買賣之行業。

9 為末第二碼者：研發、研究、著作立書，美術、書畫，言論發表，幕後研發人員，物流、通路商、批發商、業務開發之行業。

論財運、機會

9 適合業務、行銷、異路功名，能常得意外之助力而進財，也可藉由五術、命理、顧問得財。9 與 10 無法得人際財，朋友互動多，反易被劫財，宜防金錢往來，或將錢借予他人，即一去不回頭了。

解讀婚姻、感情

末一碼數字為 2 者：對於所愛的人，會勇於表達主動追求，當目標追求不到時，也易死纏不放。男命佔有慾強，不容易滿足現況，也容易見風轉舵，常常不能了解另一半想些什麼，有溝通不良的現象。

女命會為另一半改變個性，屬嫁雞隨雞、嫁狗隨狗的心態、個性。

末第二碼數字為 9 男命者：有黏密的感情，但易沉溺在愛情的迷惘當中，也因有了愛，而有更亮麗的表現、成績。

末第二碼數字為 9 女命者：因有了愛情，而變得更美麗、動人，也因有了婚姻，而名利雙收；但宜防表現太過，而損了另一半的自尊，應以對方為主體，才不會奪夫權。

論身體、疾病

2 為末碼者：2 為後天之天機星，也主風，易有鼻病，風力不足時無法將血氣打到頭病，所以頭部缺氧而頭暈。

9 為末第二碼者：腦神經衰弱、睡不著、易有幻覺、易多尿、拉肚子、泌尿系統及子宮之問題，腰酸、腳水腫。

求貴人、方位

2 為末碼者：貴人為屬猴的人，或姓名字根屬申、紳、九的人，方位西南方為其貴人方。

9 為末第二碼者：貴人為屬蛇的人，或姓名字根屬巳、虫、它、日、火、丙、六的人，方位東南方為其貴人方。

車牌、門牌、身份證、手機後二碼 93

心態、個性、人際關係

3 為末碼者: 是熱情的、感性的、主動、好客,也是躁動的,因為想幫助人,釋放出熱情的能量,所以他的一舉一動會容易引人注意,如政治人物、偶像團體…等,樂天知命,懂的化阻力為助力的人。

9 為末第二碼者: 善於侵伐,動作敏捷,進退之間掌握得很恰當,但卻怕低陷之地,一去將無法再回來了,此時叫天天不靈,叫地地不應。為人海派,也喜歡熱鬧。做每件事情,都要符合經濟效應。

論財庫、財祿方位

3 為尾數者: 財祿方位在東南南之方位,在此方位放上有朝氣的盆栽或聚寶盆,有招財、守財的功能。配合在正西方的地方放上雄赳赳氣昂昂的馬,有加速的功效。

論工作、事業

3 為末碼者:適合公眾之人物、知名人物、政治家、企業家、生產、開創、製造,能靠品牌行銷海外各地,名氣望,也易引來是非、訴訟、爭執,宜低調行事,才能避免不必要的是非。

9 為末第二碼者:研發、研究、著作立書,美術、書畫,言論發表,幕後研發人員,物流、通路商、批發商、業務開發之行業。

論財運、機會

9 適合業務、行銷、異路功名,能常得意外之助力而進財,也可藉由五術、命理、顧問得財。9 與 10 無法得人際財,朋友互動多,反易被劫財,宜防金錢往來,或將錢借予他人,即一去不回頭了。

解讀婚姻、感情

末一碼為 3 的男命:本身名聲、地位、知名度都很高,但一進入感情,就如同眼睛被雲霧遮住,只愛美人不愛江山,同時也希望公開得到眾人的祝福。

末一碼數字為 3 的女命:會為感情付出一切,也會為愛來放棄一切,追求所愛,一旦進入婚姻,常常因另一半情緒起伏很大,忽晴忽雨,有時讓對方無法招架。

末第二碼數字為 9 男命者:有黏密的感情,但易沉溺在愛情的迷惘當中,也因有了愛,而有更亮麗的表現、成績。

末第二碼數字為 9 女命者:因有了愛情,而變得更美麗、動人,也因有了婚姻,而名利雙收;但宜防表現太過,而損了另一半的自尊,應以對方為主體,才不會奪夫權。

論身體、疾病

3 為末碼者: 心火大、眼壓高,易有近視散光,也易得眼疾,額頭易有疤痕。

9 為末第二碼者: 腦神經衰弱、睡不著、易有幻覺、易多尿、拉肚子、泌尿系統及子宮之問題,腰酸、腳水腫。

求貴人、方位

3 為末碼者及末第二碼者: 貴人為屬雞的人,或姓名字根屬酉、佳、羽、辛、十的人,方位西方或東南方為其貴人方。

9 為末第二碼者: 貴人為屬蛇的人,或姓名字根屬巳、虫、它、日、火、丙、六的人,方位東南方為其貴人方。

車牌、門牌、身份證、手機後二碼 94

心態、個性、人際關係

4 為末碼者: 對週遭環境的敏銳性、和變化度,是具有一般人沒有的張力與耐力,喜歡將自己隱藏在都市裡,過著上班族的生活方式,也能喜歡將內心的感受化為力量,轉化為效率。

9 為末第二碼者: 善於侵伐,動作敏捷,進退之間掌握得很恰當,但卻怕低陷之地,一去將無法再回來了,此時叫天天不靈,叫地地不應。為人海派,也喜歡熱鬧。做每件事情,都要符合經濟效應。

論財庫、財祿方位

4 為尾數者: 財祿方位在正南之方位,在此方位放上有朝氣的盆栽或聚寶盆,有招財、守財的功能。配合在正西方或西北北方的地方放上雄赳赳氣昂昂的馬,有加速的功效。

論工作、事業

4 為末碼者: 做事業常猶豫不決、優柔寡斷,沒有安全感,較無法有效開拓市場,但能守成,適合內部管理、內部主管之格局,行政管理,做事重視效率、結果,常用績效作為管理。

9 為末第二碼者: 研發、研究、著作立書,美術、書畫,言論發表,幕後研發人員,物流、通路商、批發商、業務開發之行業。

論財運、機會

9 適合業務、行銷、異路功名,能常得意外之助力而進財,也可藉由五術、命理、顧問得財。9 與 10 無法得人際財,朋友互動多,反易被劫財,宜防金錢往來,或將錢借予他人,即一去不回頭了。

解讀婚姻、感情

末一碼數字為 4 者: 多才多藝,而讓另一半著迷,不在意對方的穿著,只在意感覺,常以感覺來衡量愛的多少,當對方稍為有點冷淡時,就覺得對方不再愛他了。

男命: 常讓另一半壓力重重,因為 4 自身對愛沒有安全感,而老是調查對方的行蹤,讓對方相當困擾。

女命: 常常為了愛情,而氣的流眼淚,因為對方在意的是事業,認為麵包比愛情更為重要。

末第二碼數字為 9 男命者: 有黏密的感情,但易沉溺在愛情的迷惘當中,也因有了愛,而有更亮麗的表現、成績。

末第二碼數字為 9 女命者: 因有了愛情,而變得更美麗、動人,也因有了婚姻,而名利雙收;但宜防表現太過,而損了另一半的自尊,應以對方為主體,才不會奪夫權。

論身體、疾病

4 為末碼者: 眼睛常佈滿血絲,常眼紅,視力不佳,火氣大、脾氣暴躁。

9 為末第二碼者: 腦神經衰弱、睡不著、易有幻覺、易多尿、拉肚子、泌尿系統及子宮之問題,腰酸、腳水腫。

求貴人、方位

4 為末碼者: 貴人為屬豬的人,或姓名字根屬亥、家、毅、壬、九的人,方位西北方為其貴人方。

9 為末第二碼者: 貴人為屬蛇的人,或姓名字根屬巳、虫、它、日、火、丙、六的人,方位東南方為其貴人方。

車牌、門牌、身份證、手機後二碼
9 5

心態、個性、人際關係

5 為末碼者：喜愛孤獨、思想沈寂、被動式的和人互動，在職場上精明與幹練，與同事間也合作無間，喜愛日出而作，日落而息的生活方式，下班後，工作與生活是分開的，喜歡與大自然為伍，用心體會四季的變化與更迭，享受自己寧靜的生活，不被打擾。

9 為末第二碼者：善於侵伐，動作敏捷，進退之間掌握得很恰當，但卻怕低陷之地，一去將無法再回來了，此時叫天天不靈，叫地地不應。為人海派，也喜歡熱鬧。做每件事情，都要符合經濟效應。

論財庫、財祿方位

5 為尾數者：財祿方位在東南南之方位，在此方位放上有朝氣的盆栽或聚寶盆，有招財、守財的功能。配合在東北北方或西南南方的地方放上雄赳赳氣昂昂的馬，有加速的功效。

論工作、事業

5 為末碼者： 常深思熟慮，考慮過多，而失去一些機會，也常自我設限，工作不易變動，穩定性高。適合心靈導師與宗教、神學有緣，能保有一技之長之工作性質，也能在土木建築上發揮專長，也適合固定性、穩定性軍警、公務之事業。

9 為末第二碼者： 研發、研究、著作立書，美術、書畫，言論發表，幕後研發人員，物流、通路商、批發商、業務開發之行業。

論財運、機會

9 適合業務、行銷、異路功名，能常得意外之助力而進財，也可藉由五術、命理、顧問得財。9 與 10 無法得人際財，朋友互動多，反易被劫財，宜防金錢往來，或將錢借予他人，即一去不回頭了。

解讀婚姻、感情

末一碼數字為 5 者： 5 為高山、思想堅持己見、理性、不好溝通，對於所愛的人，不會主動展開追求，不會採取行動，只有等待，感覺不對，就會踩剎煞車，常讓對方覺得不浪漫、不懂得情趣。男命較無法了解另一半的想法。女命者想要有穩定的感情。

末第二碼數字為 9 男命者: 有黏密的感情，但易沉溺在愛情的迷惘當中，也因有了愛，而有更亮麗的表現、成績。

末第二碼數字為 9 女命者: 因有了愛情，而變得更美麗、動人，也因有了婚姻，而名利雙收；但宜防表現太過，而損了另一半的自尊，應以對方為主體，才不會奪夫權。

論身體、疾病

5 為末碼者: 關節炎、頸椎，脖子易酸痛、五十肩、脊椎易側彎異位，皮膚乾燥。

9 為末第二碼者: 腦神經衰弱、睡不著、易有幻覺、易多尿、拉肚子、泌尿系統及子宮之問題，腰酸、腳水腫。

求貴人、方位

5 為末碼者: 貴人為屬牛的人，或姓名字根有丑、紐、牛、己、二的人，方位東北方為其貴人方。

9 為末第二碼者: 貴人為屬蛇的人，或姓名字根屬巳、虫、它、日、火、丙、六的人，方位東南方為其貴人方。

車牌、門牌、身份證、手機後二碼 96

心態、個性、人際關係

6 為末碼者: 平易近人、沒有架子、不懂拒絕別人,是爛好人的一種。內心世界是多彩多姿的,懂得利用時間學習才藝,充實內在的生活,知道人生的去向,了解世界局勢,懂得累積能量,在必要時釋放出好的能量、磁場,給予團隊新的點子。

9 為末第二碼者: 善於侵伐,動作敏捷,進退之間掌握得很恰當,但卻怕低陷之地,一去將無法再回來了,此時叫天天不靈,叫地地不應。為人海派,也喜歡熱鬧。做每件事情,都要符合經濟效應。

論財庫、財祿方位

6 為尾數者: 財祿方位在正南之方位,在此方位放上有朝氣的盆栽或聚寶盆,有招財、守財的功能。配合在正北方或西南西方的地方放上雄赳赳氣昂昂的馬,有加速的功效。

論工作、事業

6 為末碼者: 平易近人、穩定性高,適合門市、內勤、人際關係之事業、服務業、宗教用品,也適合教化、教育工作者。

9 為末第二碼者: 研發、研究、著作立書,美術、書畫,言論發表,幕後研發人員,物流、通路商、批發商、業務開發之行業。

論財運、機會

9 適合業務、行銷、異路功名,能常得意外之助力而進財,也可藉由五術、命理、顧問得財。9 與 10 無法得人際財,朋友互動多,反易被劫財,宜防金錢往來,或將錢借予他人,即一去不回頭了。

解讀婚姻、感情

末一碼數字為 6 者: 6 為平原、平易近人,得到很多的粉絲及追求者,但也常感情而陷入迷失當中,而無法自拔,雖然是被動,但不懂得拒絕,而產生糾纏;宜多聽從長輩的建議,會有更良好的結果。

末第二碼數字為 9 男命者：有黏密的感情，但易沉溺在愛情的迷惘當中，也因有了愛，而有更亮麗的表現、成績。

末第二碼數字為 9 女命者：因有了愛情，而變得更美麗、動人，也因有了婚姻，而名利雙收；但宜防表現太過，而損了另一半的自尊，應以對方為主體，才不會奪夫權。

論身體、疾病

6 為末碼者：皮膚易長溼疹、青春痘、肌肉酸痛，喜歡吃白飯、喝熱湯，支氣管不佳。

9 為末第二碼者：腦神經衰弱、睡不著、易有幻覺、易多尿、拉肚子、泌尿系統及子宮之問題，腰酸、腳水腫。

求貴人、方位

6 為末碼者：貴人為屬鼠的人，或姓名字根有子、水、一的人，方位北方為其貴人方。

9 為末第二碼者：貴人為屬蛇的人，或姓名字根屬巳、虫、它、日、火、丙、六的人，方位東南方為其貴人方。

車牌、門牌、身份證、手機後二碼
97

心態、個性、人際關係

7 為末碼者: 有改革的氣魄,在金融界,可發揮長才,得用時,更可將事業版圖拓展到另一個層面、風行天下,創造未來,未來黃金十年,知道智慧財,比勞力財來的重要,所以會轉戰自己熟悉的領域。

9 為末第二碼者: 善於侵伐,動作敏捷,進退之間掌握得很恰當,但卻怕低陷之地,一去將無法再回來了,此時叫天天不靈,叫地地不應。為人海派,也喜歡熱鬧。做每件事情,都要符合經濟效應。

論財庫、財祿方位

7 為尾數者: 財祿方位在西南西之方位,在此方位放上有朝氣的盆栽或聚寶盆,有招財、守財的功能。配合在西南南方或東北北方的地方放上雄赳赳氣昂昂的馬,有加速的功效。

論工作、事業

7 為末碼者：行動派，有如將軍作戰，主動積極、野心大，要就來大的，沒有大的就不想表現，但也易半途而廢，能獨當一面，到遠方開闢疆土，也為老闆、主管之格局有改革的魄力及決心，但也常一意孤行，而產生挫折。

9 為末第二碼者：研發、研究、著作立書，美術、書畫，言論發表，幕後研發人員，物流、通路商、批發商、業務開發之行業。

論財運、機會

9 適合業務、行銷、異路功名，能常得意外之助力而進財，也可藉由五術、命理、顧問得財。9 與 10 無法得人際財，朋友互動多，反易被劫財，宜防金錢往來，或將錢借予他人，即一去不回頭了。

解讀婚姻、感情

末第一碼數字為 7 者：對所愛之人，相當有責任感，會為對方改變直接、好勝的個性，雖是大男人、大女人，但遇到感情卻變得進退不果。

末第二碼數字為 9 男命者: 有黏密的感情,但易沉溺在愛情的迷惘當中,也因有了愛,而有更亮麗的表現、成績。

末第二碼數字為 9 女命者: 因有了愛情,而變得更美麗、動人,也因有了婚姻,而名利雙收;但宜防表現太過,而損了另一半的自尊,應以對方為主體,才不會奪夫權。

論身體、疾病

7 為末碼者: 7 為陽金,主動,易頭暈,為呼吸道、氣管之相關問題,有過敏性鼻炎及喉嚨騷癢,易咳嗽。

9 為末第二碼者: 腦神經衰弱、睡不著、易有幻覺、易多尿、拉肚子、泌尿系統及子宮之問題,腰酸、腳水腫。

求貴人、方位

7 為末碼者: 貴人為屬牛的人,或姓名字根有丑、紐、牛、己、二的人,方位東北方為其貴人方。

9 為末第二碼者: 貴人為屬蛇的人,或姓名字根屬巳、虫、它、日、火、丙、六的人,方位東南方為其貴人方。

車牌、門牌、身份證、手機後二碼
9 8

心態、個性、人際關係

8 為末碼者： 外表貴氣，無行動力，重感覺、愛幻想，力道不足，所以會像雲霧一樣膠著，所以 8 辛金之人碰到問題，就會往宗教裡去尋求解脫，和心靈層次的成長，在冥想、靜心當中，開啟智慧的寶庫。

9 為末第二碼者： 善於侵伐，動作敏捷，進退之間掌握得很恰當，但卻怕低陷之地，一去將無法再回來了，此時叫天天不靈，叫地地不應。為人海派，也喜歡熱鬧。做每件事情，都要符合經濟效應。

論財庫、財祿方位

8 為尾數者： 財祿方位在正西之方位，在此方位放上有朝氣的盆栽或聚寶盆，有招財、守財的功能。配合在正南方或東北東方的地方放上雄赳赳氣昂昂的馬，有加速的功效。

論工作、事業

8 為末碼者：人緣好、人際關係佳，有貴氣，適合金融業、珠寶買賣、古董家具、手工藝品、美容師、美髮師，以口為業，如美食、餐廳、小吃，業務性質、老師、補習班、仲介業、24小時便利商、人際關係之事業，也與宗教、心靈有關係。

9 為末第二碼者：研發、研究、著作立書，美術、書畫，言論發表，幕後研發人員，物流、通路商、批發商、業務開發之行業。

論財運、機會

9 適合業務、行銷、異路功名，能常得意外之助力而進財，也可藉由五術、命理、顧問得財。9 與 10 無法得人際財，朋友互動多，反易被劫財，宜防金錢往來，或將錢借予他人，即一去不回頭了。

解讀婚姻、感情

末一碼數字為 8 者：在意每次約會的氣氛、感覺，也在意對方的心態感受，但也因太在意感覺，而讓對方難以適應。記得：不要因王子病或公主病，而失去美好的感情。

末第二碼數字為 9 男命者：有黏密的感情，但易沉溺在愛情的迷惘當中，也因有了愛，而有更亮麗的表現、成績。

末第二碼數字為 9 女命者：因有了愛情，而變得更美麗、動人，也因有了婚姻，而名利雙收；但宜防表現太過，而損了另一半的自尊，應以對方為主體，才不會奪夫權。

論身體、疾病

8 為末碼者：8 為辛金、二氧化碳，食道發炎，主因胃酸過多引起腸胃之疾。

9 為末第二碼者：腦神經衰弱、睡不著、易有幻覺、易多尿、拉肚子、泌尿系統及子宮之問題，腰酸、腳水腫。

求貴人、方位

8 為末碼者：貴人為屬虎的人，或姓名字根有寅、木、虎、獻、盧、三的人，方位東北為其貴人方。

9 為末第二碼者：貴人為屬蛇的人，或姓名字根屬巳、虫、它、日、火、丙、六的人，方位東南方為其貴人方。

車牌、門牌、身份證、手機後二碼 99

心態、個性、人際關係

9 為末碼者： 機巧、靈敏、動作敏捷、快速，是這個時代的產物，他勇於表現自己，推銷自己，善於掌握時機點，讓自己加分、得利。在這樣物質不缺的年代，有可能上台下台，只是一瞬間，變化太快了，沒有足夠的根基，很容易淘汰下來，瞬間化為烏有。

9 為末第二碼者： 善於侵伐，動作敏捷，進退之間掌握得很恰當，但卻怕低陷之地，一去將無法再回來了，此時叫天天不靈，叫地地不應。為人海派，也喜歡熱鬧。做每件事情，都要符合經濟效應。

論財庫、財祿方位

9 為尾數者： 財祿方位在西北北之方位，在此方位放上有朝氣的盆栽或聚寶盆，有招財、守財的功能。配合在正東方或東南南方的地方放上雄赳赳氣昂昂的馬，有加速的功效。

論工作、事業

9為末碼者: 主動積極、持續力強,很好的業務拓展人才,適合旅遊業、運輸業、進口貿易、喪葬禮儀,命理、五術、諮詢,保險業、土地開發、代書、八大行業,律師、老師、言論工作者,水療養生、演藝事業。

9為末第二碼者: 研發、研究、著作立書,美術、書畫,言論發表,幕後研發人員,物流、通路商、批發商、業務開發之行業。

論財運、機會

9適合業務、行銷、異路功名,能常得意外之助力而進財,也可藉由五術、命理、顧問得財。9與10無法得人際財,朋友互動多,反易被劫財,宜防金錢往來,或將錢借予他人,即一去不回頭了。

解讀婚姻、感情

末一碼數字為9者,男女同論: 對喜歡的人,勇於追求表達心中的愛,能言善道,而擄獲對方的心,異性緣佳,對方會主動放低門檻,讓您得到機會;但遇到挫折,容易嫉妒、破壞,讓對方備感壓力重重。宜改用祝福對方的方式,才能使您未來的緣份更深厚,更永固。

末二碼數字為 9 男命者: 有黏密的感情,但易沉溺在愛情的迷惘當中,也因有了愛,而有更亮麗的表現、成績。

末第二碼數字為 9 女命者: 因有了愛情,而變得更美麗、動人,也因有了婚姻,而名利雙收;但宜防表現太過,而損了另一半的自尊,應以對方為主體,才不會奪夫權。

論身體、疾病

9 為末碼者: 腦神經衰弱、睡不著、焦慮、易有幻覺、及內耳膜失衡。

9 為末第二碼者: 腦神經衰弱、睡不著、易有幻覺、易多尿、拉肚子、泌尿系統及子宮之問題,腰酸、腳水腫。

求貴人、方位

9 為末碼者: 貴人為屬兔的人,或姓名字根有卯、柳、卿、艹、乙、四的人,方位東方為其貴人方。

9 為末第二碼者: 貴人為屬蛇的人,或姓名字根屬巳、虫、它、日、火、丙、六的人,方位東南方為其貴人方。

車牌、門牌、身份證、手機後二碼
100

心態、個性、人際關係

0 **為末碼者:** 逆向思考，反向操作，學習學術，懂得天地之間、宇宙萬物陰陽交媾，合和為一之事，像隱藏在黑夜裡窺探的眼睛，了解冥冥之中，有一股力量在主宰著。

0 **為末第二碼者:** 心思較敏感細膩，宜用太陽光調理，若遇4時，將有一連串黑暗、崎嶇在交戰著，吉凶有時在一瞬間，成也0育木(春夏)，敗也0毀木(秋冬)，若知道天地之間的道理，就是保持正確的心念，一直走下去，才能免於天之責罰。

論財庫、財祿方位

0 **為尾數者:** 財祿方位在正北之方位，在此方位放上有朝氣的盆栽或聚寶盆，有招財、守財的功能。配合在東南南或正東方的地方放上雄赳赳氣昂昂的馬，有加速的功效。

論工作、事業

0 為末碼者:人際、人緣佳,語文工作者、律師、談判專家、客服專員、人力仲介、汽車修護廠、保險業、資訊業、廣告設計、補給、物流,總機、冷飲、飲料、果汁、門市、百貨銷售、宗教、禮儀用品之行業。

0 為末第二碼者:機會多、客戶自己上門、流通週轉率高,門庭若市。可從適人際關係之事業、保險、學術研究者、教育工作者、門市之經營、命理諮詢、研究、教學、文化事業。

論財運、機會

10 能藉由口才、言律、教學、宗教、命理、五術、顧問師、諮詢師等而得財,水也為智慧,有過目不忘之情性,對於專業領域更是反應特別好,很能賺智慧財及研究發明取得專利之財。

9 與 0 最怕沾染酒色及賭博,一染上即無法自制,將前功盡棄。

解讀婚姻、感情

末一碼數字為 0 者:異性緣佳、佔有慾強,能為所愛的人付出一切,但發現對方不專情時,易有玉石俱焚的現象,在感情世界,忽晴忽雨,很難讓對方了解,也唯有真誠的對待、溝通,

緣份才能長長久久。

末第二碼數字為0男命者：您常讓您的情人、配偶，備感壓力重重，有時因您的情緒不穩，而讓對方想逃避；宜改用甜言蜜語，化解因佔有而產生的是非壓力。

末二碼數字為0女命者：在感情裏，妳想主導愛與被愛，但又有玉石俱焚的想法，因此也很難得到對方的放心及安全感，妳又因此常以離家出走作為口頭禪，實在很難了解妳在想什麼。建議，願意被佔有，才是化解危機最好的方法。

論身體、疾病

0為末碼者：易幻想、幻聽、腦神經衰弱、睡不著、常作惡夢、口腔破、下巴易有疤痕。

0為末第二碼者：0為10為陰水，為腎臟、泌尿系統、婦科之疾，腳指易受傷、腹痛。

求貴人、方位

0為末碼者：貴人為屬蛇的人，或姓名字根屬巳、虫、它、日、火、丙、六的人，方位東南方為其貴人方。

0為末第二碼者：貴人為屬兔的人，或姓名字根有卯、柳、卿、艹、乙、四的人，方位東方為其貴人方。

後　記

　　八字時空洩天機—雷、風兩集出版,與史上最便宜、最精準、最實用彩色精校萬年曆廣受大眾的喜愛,但諸多讀者希望再以白話的方式寫作,能成為占卜之活字典,方便查尋,如今已整理編撰完成,為「解開神奇數字代碼一》」,在此先感謝讀者對「易林堂」文化事業的支持與熱愛。

　　本系類書籍「解開神奇數字代碼」,看似講解數字的對應關係,但實質性是可連結八字、時空卦、陰陽宅學、姓名學以及易經六十四卦的,是所有五術進階必備的跳板,沒有任何一套學術可以如此連結的,只有「太乙」著作的書籍敢如此大膽詮釋,因為宇宙的萬事、萬物皆在數字與干支之間,「別人不能,太乙能」,請拭目以待這套「解開神奇數字代碼」的《曠世鉅作》。

　　八字學入門相當簡單,但易學難精,八字學雖然只有八個字,但其中之錯綜複雜、包羅萬象、含蓋人一生的富貴窮通、喜怒哀樂、生老病死,弄得大家團團轉;但「解開神秘數字的代碼《一》」,則是透過 2 個字,由這兩個字的變化,解開萬事萬物、生滅成敗之變化,所以八字學的一切組合,完全都在本書的這兩個數字當中。

　　透過兩個數字來解開人生的變化是我獨創的,在台南市

大學路救國團本部及台南市國立生活美學館(前社教館),以兩個數字占卜,作為八字學入門的基礎學,廣受到學生的讚賞喜愛,稱之「**太乙兩儀卦**」,而「**解開神秘數字的代碼《三》**」將《易經》六十四卦套入最簡易的十個數字,揭開千古神祕面紗,更是空前的洩露《易經》的天機,這不是我獨創的,而是來自於家父「王福寶」所傳授的「易卦擇日學」,此套學術會這麼神的原因,來自於家父將「易卦擇日學」使用於六合彩、大家樂的數字上,每天著迷研究易卦、數字的變化,後來我將家父傳授的「易卦擇日學」用於五術、易經、命理學術上的推廣教育,將六十四卦連結數字、干支,結合「太乙文化事業師資團」的心得整理,彙集而成的《曠世鉅作》。

　　本書「**解開神奇數字代碼《二》**」,透過車牌、門牌、身份證、手機的末兩個尾數,來解開其意涵、事項,感謝能與您再次結緣。在此也感謝小孔明(蔡志祥)老師、宏宥老師及太乙文化事業許碧月老師的校對與心得整理提供,讓本書更完美、豐富的呈獻,在此致上十二萬分的謝意。

太乙 謹序

民國一〇一年十一月二十九日　星期四

壬辰年十月十六　甲午日　大雪前八天

太乙（天易）老師經歷簡介

經歷：79年成立太乙三元地命理擇日中心，開始從事
　　　命諮詢、陽宅、風水、堪輿服務，目前積極從事
　　　推廣五術，用大自然觀象法理論教學及諮詢服務。

現任台南市救國團命理五術指導老師
**　台南市國立生活美學館（前社教館）授課老師**
**　附設長青生活美學大學（前社教館）授課老師**

太乙（天易）老師著作簡介

著作：

七九年統一日報命理專欄作家，著作「果老星學祕論」。

八十年著作中原時區陰陽對照萬年曆，文國書局出版。

九九年十月著作的中原時區陰陽對照彩色版萬年曆。

一百年八月著作「窮通寶鑑評註」，筆名：太乙 。

一百年十月著作「八字時空洩天機-雷集」。雅書堂出版

◎一零一年三月出版「八字時空洩天機-風集」。雅書堂

◎一零一年七月出版「史上最便宜、最豐富、最實用彩
　色精校萬年曆」易林堂文化出版

◎一零一年八月出版《教您使用農民曆》易林堂出版

◎一零一年九月出版《教您使用農民曆及紅皮通書的第
　一本教材(上冊)》。易林堂文化出版

◎一零一年十一月《解開神奇數字代碼一》易林堂

◎一零一年十二月《解開神奇數字代碼二》易林堂

◎一零二年三月《解開神奇數字代碼三》易林堂

本書編者，服務項目

★陰、陽宅鑑定，鄰近地區每間、每次壹萬陸仟捌佰元。

 ˋˋ現場八字時空卦象解析論命，每小時貳仟肆佰元整，
　超過另計（每十分鐘肆佰元整），以此類推。

 ˋˋ細批流年每年六仟六佰元整。

 ˋˋ取名改名每人六仟六佰元整

 ˋˋ姓名鑑定隨緣。

 ˋˋ剖腹生產擇日八仟八佰元整。

 ˋˋ一般擇日每項六仟六佰元整 （一項嫁娶）（二項.動
土、上樑、入宅）（ 三項.入殮、進塔）

**請事先以電話預約服務時間。以上價格至民國105年
止，另行調整。**

 ˋˋ八字時空卦高級班、終身班傳授面議。（不需任何資
　料直斷過去、現況、未來）。

 ˋˋ直斷式八字學終身班，傳授面議。

 ˋˋ十全派姓名學傳授面議。

 ˋˋ手機、電話號碼選號及能量催動傳授。

 ˋˋ陽宅、風水、易經六十四卦陽宅學傳授面議。

 ˋˋ九宮派、易經六十四卦、玄空、陽宅學傳授面議。

 ˋˋ**整套擇日教學：**一般擇日、入宅、安香、豎造、
　喪葬課、嫁娶結婚日課、 地理造葬課傳授面議。

 ˋˋ**兩儀：**數字卦傳授教學《本書的實戰應用》
　以上的教學一對一為責任教學，保證學成。

☞預約電話：0982571648　 0929208166
　　　　 （06）2158531　 楊小姐

☞服務地址：台南市國民路270巷75弄33號

開啓八字命運的金鑰匙

(長長久久終身八字職業班面授總課程表)

課程內容:

1. 五行及十天干、十二地支申論類化

2. 八字排盤定位、大運、流年　3. 地支藏干排列組合應用法

4. 十神申論類化，六親宮位定位法則

5. 刑、沖、會、合、害、申論、變化、抽爻換象法

6. 格局取象及宮位互動變化均衡式論命法

7. 十二長生及空亡應用論斷法。　8. 十天干四時喜忌論命法

9. 長相、個性、心性論斷法。　10. 父母宮位、緣份、助力論斷法

11. 兄弟姊妹、朋友、客戶緣份或成就論斷。

12. 桃花、感情、婚姻、外遇及夫妻緣份之論斷。

13. 夫妻先天命卦合參論斷法　14. 考運、學業、成就論斷

15. 子媳緣份及成就論斷。　　16. 財富、事業、官貴、成就論斷。

17. 疾病、傷害、疤痕申論類化論斷。

18. 神煞法的應用、論斷及準確度分析。　19. 數目字演化論斷。

20. 陽宅、陰宅、方位及居家環境申論類化。21. 六親定位配盤法。

22. 大運準確度分析、流年、流月、流日起伏論斷、應期法

23. 掐指神算演化實戰法(不需任何資料就能掌握住對方的
　　過去、現況及未來，快、狠、準)

24. 六十甲子論斷法，一柱論命法，將每一柱詳細作情境解
析。

25. 干支獨立分析論斷法。　　26. 命卦合參論斷法

27. 奇門遁甲化解、轉化法。　28. 奇門遁甲時空造運催動法。

29. 綜合實戰技巧演練，及成果分享。

以上課程總時數約 96 小時(含演練，及成果分享)

◎課程前 20 分鐘複習上一堂的課程，以便進度銜接

◎課程以小班制為主，6 人以上開班(不足六人將會縮短時數)

◎另有一對一的課程，時間彈性，總時數約 64 小時(8 個月之內完成)，也可以速成班方式學習，馬上能學以致用。

以上 1～8 大題讓你將五行、十天干、十二地支、十神、六親及刑沖會合害，深入淺出，往下延伸類化，是實戰重要的築基篇，不可跳躍的課程。

9～18 大題是人生的妻、財、子、祿論斷技法分析演練，讓你掌握住精髓，快速又準確。

19～23 大題是職業八字論斷秘訣，是坊間千古不傳之祕，讓你深入其中之祕，讚嘆不已。

24～26 大題，讓你一窺八字結合易經、數字之妙，體悟祕中精髓，深入觀象類化，再窺因果之祕。

27～28 大題，讓你掌握造運之竅，催動無形能量，創造磁場。

◎上課中歡迎同學提問題發問，乃可當實例解說，所以以上的課程內容及應用論斷法，會以同學提出的案例解析，直接套入應用說明演練，及分發前幾期同學的上課實錄筆記，作為直斷式解說演練。

　　　課程結束後，不定時回訓及心得分享

◎有再開八字課程時，可無限期旁聽複訓◎

※太乙兩儀卜卦法祕訣傳授※

　　解開神奇數字代碼《一》的實戰應用簡單、易學、實用價值高。不用任何基礎，也不用對方任何資料，只要有興趣，而且可用撲克牌作為道具，當面指導兩個小時就可學成，讓您馬上成為占卜大師。學費每人 7600 元(含本教材，另送一本史上最便宜、最精準、最實用彩色精校萬年曆，精裝版)。

欲學者，先電洽楊小姐，安排連絡時間

連絡電話:0982571648　0929208166　06-2158531

八字時空洩天機【雷集】 軟皮精裝　訂價:380元　作者：太乙

　　《八字時空洩天機》是結合「鐵板神數」之理論,利用當下的時間,作為一個契機的引動,也將一個時辰兩個小時的組合轉化為一百二十分鐘,再將一百二十分鐘套入於十二地支當中,每十分鐘為一個變化、一個命式,套入此契機法,配合主、客體的交媾直斷事項結果,結合第五柱論命的原理,及易象法則與論命思想精華匯集而成的一套學術。　本書突破子平八字命理類化的推命法則,及同年同月同日同時生的迷惑,而且其中的快、準、狠讓求算者嘖嘖稱奇。以最自然的生態、日月運行交替、五行變化,帶入時空,運用四季,推敲八字中的奧妙與玄機。

八字時空洩天機【風集】 軟皮精裝　訂價:380元　作者：太　乙

　　《八字時空洩天機》是結合「鐵板神數」之理論,利用當下的時間,作為一個契機的引動,也將一個時辰兩個小時的組合轉化為一百二十分鐘,再將一百二十分鐘套入於十二地支當中,每十分鐘為一個變化、一個命式,套入此契機法,配合主、客體的交媾直斷事項結果,結合第五柱論命的原理,及易象法則與論命思想精華匯集而成的一套學術。《八字時空洩天機》【風集】則從最基礎的《易經》卜求、五行概念、八字基礎,以十神篇,說明《八字時空洩天機》的命理基礎,再運用契機法,算出自己想知的答案,讓你在輕鬆的氛圍中,領悟出相關卦象及自然科學生態循環之要點,不求人地算出自己的前程未來。

八字十神洩天機【上冊】作者：太乙 易林堂　定價：398 元

　　「八字十神洩天機－上冊」是再次經過精心設計編排的基礎五行、十天干、十二地支、十神特性論斷,彙集十神生成導引之事項細節延申、時空論斷及推命之步驟要領、論命之斷訣、八字天機秘論、個性導引十神代表,以及六十甲子一柱論事業、公司、老闆、六十甲子配合六十四卦、一柱斷訣之情性,結合時空論命訣竅及易經原理、直斷訣,論命技巧與思想、精華串連起來彙集而成的一套學術更是空前的編排組合,請拭目以待。

心易姓名學　作者　張士凱 易林堂出版　定價：320 元

　　中國文化五千年來,老祖先的智慧「山、醫、命、相、卜」,而姓名學為相術的應用,也就是觀察字的意涵和數字五行「木、火、土、金、水 」的概念,以及五行的「生、剋、平」所產生的現象,和五行情性特質。本書探討數字的含意,以及五行「生、剋、平」和五格本身含意的說明。兩格之間「生、剋、平」的論法,以及如何論斷的應用說明,讓您見識到心易姓名學的魅力。

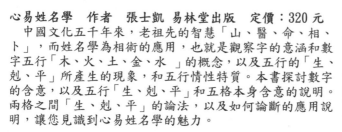

您可以這樣玩八字　作者：小孔明　易林堂出版　定價：398元

　　您玩過瘋迷全世界的魔術方塊嗎？？？
解魔術方塊的層先法與推算八字有著異曲
同工之妙，方法是先解決頂層（先定出八字
宮位），然後是中間層（再找出八字十神），
最後是底層（以觀查易象之法來完成解

構），這種解法可以在一分鐘內復原一個魔術方塊（所以可以一眼
直斷八字核心靈魂）。命理是以時間為經，空間為緯來交媾而出
的立體人生，若說魔術方塊的解法步數為《上帝的數字》，那八
字則是《上天給的DNA密碼》，一樣的對偶性與雙螺旋性，只要
透過大自然生態的天地法則，熟悉日月與五行季節變化的遊戲規
則，就可以輕輕鬆鬆用玩索有得的童心去解析出自己的人生旅
程，準備好透過本書輕鬆學習如何來用自己的雙手去任意扭轉玩
出自己的命運魔術方塊嗎？

諮詢論命預約專線：0920182255　小孔明老師
服務項目：
◎八字、時空卦論斷、教學◎姓名學論斷、取名、教學
◎兩儀卜卦論斷、教學　　◎陰陽宅論斷、教學

八字快、易、通　作者：宏宥　易林堂出版　定價：398 元

　　【八字 快、易、通】本書內容運用十天干、十二地支，透過大自然情性法則，解析五行的屬性、特質、意義。五行間的生剋變化，構成了萬物和磁場之間的交互作用，為萬物循環不息的源頭。本書捨棄傳統八字之格局、用神、喜忌，深入淺出之方式讓初學者很快進入八字的領域，為初學者最佳工具書。本書內容在兩儀卦象、直斷式八字與時空卦的運用皆有詳細、精闢之論述。

面相課程內容及大綱

1. 人的五行形相：是將各種不同形貌氣質之人加以分類、歸納出五種五行(木、火、土、金、水)形象。
2. 人的體相質地：透過第一眼印象即可判斷其個性、特質、喜好。
3. 面相術語：了解各部位名稱為進入面相的第一步驟。
4. 面相 12 宮位置：十二宮位部位的範圍認定。
5. 面相 13 部位置：以天地人三才為依據，也為面相之重要概念。
6. 上停位：先天祖上福德、公司優劣、少年階段。
7. 中停位：人際關係、財富。8. 下停位：老年榮衰、土地、田宅。
9. 十二宮相法大顯神通：
一. 命宮：事業、命運。　　　二. 兄弟宮：兄弟、財、壽。
三. 夫妻宮：婚姻、情人。　　四. 子女宮：子女、性慾。
五. 財帛宮：財富、積蓄。　　六. 疾厄宮：健康、刑厄。
七. 遷移宮：外出之成就。　　八. 奴僕宮：僕役、恆財。
九. 官祿宮：名譽、地位。　　十. 田宅宮：住宅、親情。
十一. 福德宮：福德、福廕。　十二. 父母宮：與父母之緣份。
10. 分類相法概說：頭額、面頤、眉、眼、鼻、嘴、耳、人、中、齒、痣、痕、斑。
11. 流年運：流年行運之吉凶禍福。
　　　　　　定位流年法、九執流年法、業務流年法、
　　　　　　三停流年法、耳鼻流年法。
12. 氣色：質與氣交媾而顯現於外之形式。
13. 透過上課直接觀相及演練。
◎ 初階，時數 13 小時　　中階，時數 13 小時
◎ 高階，時數 16 小時　　合計費用 $ 58000 元，共 42 小時

上課報名預約專線：0921021360　宏宥老師

◎ 面相論斷、教學　　　◎八字、時空卦論斷、教學
◎兩儀卜卦論斷、教學　　◎陽宅規劃、鑑定、教學

諮詢論命預約專線：0921021360　宏宥老師

千載難逢的自然生態八字命理 DVD 寶典出爐了
鐵口直斷的切入角度 讓您茅塞頓開
馬上讓您快速進入命理堂奧

八字時空洩天機教學篇（初、中級）易林堂出版

特優價：3980 元

　　「八字時空洩天機-雷、風集」的基礎理論及中階課程已錄製好現場教學 DVD 影片，共有10集，每集約1小時30分鐘，此套課程由「十天干、十二地支的基礎，延申，八字排盤、掌訣、大運排法，刑、沖、會、合、害的延申、應用實際案例解析，太乙兩儀卦應用、實戰、分析，讓您掌握快、狠、準的現況分析」；全套10集共約15小時（價格低於市價，市價平均每小時六佰元），原價六千六百元，優惠「雷、風集」的讀者三千九百八十元，再附送彩色萬年曆及講義一本，是學習此套學術最有經濟價值、最好最划算的一套現場教學錄製DVD，內容活潑生動，原汁原味，可反覆播放研究，讓您快速學習到此套精華的學術。

　　看過此DVD保證讓您八字功力大增十年。

◎購買此套 DVD 兩個月內，觀看影片內容有任何問題歡迎來電諮詢　※電話諮詢時間：
　星期一至星期五早上 10:00～11:00　下午 4:00～5:00
　諮詢專線:06-2158531(楊小姐、杜小姐)
　訂購方法：　1.請撥 06-2158531(楊小姐、杜小姐)
　　　　　　　2.傳 E-mail 到　too_sg@yahoo.com.tw
　　　　　　　3.傳真訂購專線：06-2130812
請註明訂購者姓名、電話、地址以及購買內容
付款方法：1.郵局帳號：局號 0031204 帳號 0571561
　　　　　　戶名：楊貴美
　　太乙文化事業部，有很多即時資訊，歡迎上部落格觀賞。除此之外，筆者也不定時在 太乙文化事業 部落格與大家分享相關最新訊息及上課心得。

請搜尋　　**太乙文化事業**　　有詳細資料

國家圖書館出版品預行編目資料

解開神奇數字代碼 / 太乙編著—初版 --
臺南市:易林堂文化，
冊 ； 公分
ISBN 978-986-88471-5-6（第一冊:平裝）.
ISBN 978-986-88471-6-3（第二冊:平裝）.

1.占卜 2.數字
292.9 101022901

解開神奇數字代碼《二》

作 者 / 太乙
總 編 輯 / 杜佩穗
執 行 編 輯 / 王彩鸞
發 行 人 / 楊貴美
美 編 設 計 / 圓杜杜工作室
出 版 者 / 易林堂文化事業
發 行 者 / 易林堂文化事業
地 址 / 台南市中華南路一段186巷2號
電 話 / (06)2158691 傳 真 / (06)2130812
郵局帳號：局號 0031204 帳號 0571561 戶名：楊貴美
電子信箱 / too_sg@yahoo.com.tw
2012年12月12日初版

總 經 銷 / 紅螞蟻圖書有限公司
地 址 / 台北市內湖區舊宗路二段121巷28號4樓
網 站 / www.e-redant.com
郵撥帳號 / 1604621-1 紅螞蟻圖書有限公司
電 話 / (02)27953656 傳 真 / (02)27954100
定 價 380元